Thomas Jeier / Hans-Georg Fischer

Das Coca-Cola Kultbuch

100 Jahre Coke

W0038885

Originalausgabe

Wilhelm Heyne Verlag
München

HEYNE SCENE
18/60

Copyright © 1986
by Wilhelm Heyne Verlag GmbH & Co. KG, München
Printed in Germany 1986
Umschlagfoto: Coca-Cola GmbH, Essen
Fotos: Coca-Cola Company, Atlanta; Coca-Cola GmbH, Essen;
Hans-Georg Fischer, München
Umschlaggestaltung: Atelier Ingrid Schütz, München
Layout: Helmut Burgstaller, München
Satz: VerlagsSatz Kort, München
Gesamtherstellung: RMO, München

ISBN 3-453-35082-0

»PEPSI? WAS IST DAS?«

Thomas E. Gray
Manager bei Coca-Cola
für Media & Communications

INHALT

VORWORT

Also, ohne Coke läuft bei uns gar nichts. Nichts gegen ein kühles Pils oder den trockenen Weißen beim Italiener, aber der braune Wundersaft aus Amerika ist durch nichts zu ersetzen. Schon gar nicht durch Pepsi oder Limo oder dieses furchtbare Zeug, das sich Mineralwasser nennt. Nee, Freunde, Coke is it. Wenn du 'ne Coke trinkst, kommt das absolute Feeling rüber. Allein die Flasche. Wie hat mal einer gesagt? Das Ding sei erotisch. Und wirklich, so 'ne Sechseinhalb-Unzen-Flasche, und nur aus der trinken die echten Coke-Fans, also, so 'ne Sechsein-halb-Unzen-Flasche liegt in der Hand wie… na, ihr wißt schon, was ich meine. Und dann das Zischen und Prickeln, wenn der Kronenkorken fällt, da kann doch kein vernünftiger Mensch mehr nein sagen. Du setzt die Flasche an die Lippen, nimmst den ersten Schluck, und es geht ab. Du spürst den unverwechsel-baren Geschmack auf der Zunge und marschierst frischwärts, dem Sonnen-schein entgegen. Du bist auf'm Highway, irgendwo in Amerika, du sitzt im offenen Chevy, den blonden Teeny auf

1983

dem Beifahrersitz, und im Radio singt Bruce Springsteen oder Willie Nelson. Mit anderen Worten, du bist in Amerika und ziehst dir alles rein, was du dir in deinen Träumen zurechtgezimmert hast. Denn Coke ist mehr als nur ein Wort. Coke ist Lebensgefühl. Coke ist Jugend. Coke ist Frische. Du machst Pause vom Alltag und bist aufm Trip, auf einem ungefährlichen wohlgemerkt, denn im Traumland der Frische ist Coke kein Kokain, sondern Coca-Cola, und Coca-Cola is it.

Wir trinken das Zeug seit Jahren. Das klassische Coke und die kalorienarme Version, weil auch ein echter Coke-Fan kein medizinisches Wunder ist und nur ein bestimmtes Quantum Zucker verträgt. Ich erinnere mich noch an meine erste Flasche. So im zarten Alter von sieben Jahren hab' ich die getrunken und war gleich begeistert. Damals war das Zeug noch teuer, zumindest für uns. Da stand noch kein Kasten im Keller, und das karge Taschengeld reichte für maximal zwei Flaschen pro Woche. Die Eltern standen nicht drauf, holten lieber Bier und Sprudelwasser, die Literflasche für 25 Pfennig. Coke war Luxus und wurde erst durch das Wirtschaftswunder zum täglich Brot. Wenn ich mal groß bin, stelle ich mir 'nen Kasten in den Keller, hab' ich immer gesagt, und so kam's dann auch. Man wurde zum Coke-Freak, zum absoluten Irren, wie die passionierten Biertrinker immer wieder sagen, aber was soll's, man ist ja nicht allein. Wie gesagt, Coke ist mehr als nur ein Wort. Mehr als ein Erfrischungsgetränk. Coca-Cola ist ein Kult, und die Anhänger leben überall auf der Welt.

Coke gefällig?

Deshalb auch dieses Buch. Weil Coke amerikanische Geschichte geschrieben hat, weil Coke für ein Lebensgefühl steht, das wir mal untersuchen wollten. Nicht weil uns die Company ein paar Dollar rüberschiebt. Tut sie nicht. Mehr als ein paar kostenlose Flaschen haben wir von denen nicht bekommen. Hat so ein riesiger Konzern gar nicht nötig. Die verkaufen ihren Saft auch ohne unser Buch. Nee, wir wollten einfach mal neugierig sein, wollten das Geheimnis um den Coca-Cola-Kult ein bißchen lüften. Weil's Spaß macht, über ein solches Thema zu schreiben, und weil's viele Leute interessiert. Dafür haben wir uns auch ganz schön reingehängt. Sind nach Atlanta zur Zentrale gefahren und haben mit wichtigen Leuten gesprochen. Haben tagelang mit den Freaks vom Cola-Clan im Hotel rumgehangen. Haben viele Leute interviewt, in Amerika und in Deutschland. In Atlanta, Georgia, und in Essen bei den deutschen Cola-Fürsten. In Fürstenfeldbruck bei München, in einer riesigen Abfüllanlage. Wir haben tonnenweise Literatur gewälzt und in Fotos gewühlt. Und wir haben literweise Coke getrunken. Harter Job, was?

Bei der Gelegenheit möchten wir uns natürlich auch bedanken. Bei Tom Gray und Phil Mooney und den vielen anderen netten Leuten in Atlanta; bei Randy Schaeffer und den Freaks vom Cola-Clan. Bei Jörg Neikes und seiner Crew in Essen. Und bei der Lufthansa, die uns nach Atlanta geflogen hat. Thanks a lot folks und vielen Dank.

Ach ja, beinahe hätten wir's vergessen. Happy Birthday! Herzlichen Glückwunsch zum Geburtstag. Coke wird in diesem Jahr hundert Jahre alt. Noch ein Grund mehr, ein Buch wie dieses zu schreiben. In diesem Sinne, Freunde. Stellt euch 'ne eisgekühlte Coke ans Bett oder neben den Ohrensessel und fangt an zu lesen. Und zu trinken. Denn Coca-Cola is it. Und dieses Buch auch.

Thomas Jeier
und
H.-G. Fischer

Atlanta, Georgia,
im Juli 1986

11

COCA-COLA –
SO AMERIKANISCH WIE MAMA
UND DER LIEBE GOTT

Die Legende will wissen, daß Neil Armstrong 'ne Dose Coke auf den Mond geschmuggelt hat. Irgendwo in einer Falte seines Raumanzuges soll er das Ding versteckt und dann auf dem Mond in den Staub geworfen haben. Und wenn's nach den amerikanischen Coke-Fans gegangen wäre, hätte der gute Neil sogar einen großen Pott mit roter Farbe ins Raumschiff genommen und den Mond rot angestrichen. Und dann mit weißer Farbe *Coca-Cola* drauf gemalt. Das sei hübscher als die amerikanische Flagge und vor allem amerikanischer. Weil nichts so amerikanisch ist wie Coke.

Das erkannten auch die amerikanischen Werbestrategen. Bereits 1927 erhoben sie Coca-Cola in einem Werbeslogan zum amerikanischen Nationalgetränk. Die Number one war man sowieso schon, und da gab's halt nur diese eine Steigerung. Amerikanisch mußte Coke sein. So amerikanisch wie der Apple Pie von Muttern. Oder ein Baseball. Oder ein Football. So amerikanisch wie ein Hot

sparkle...sparkle...sparkle...sparkle...sparkle

feel the difference ...
Coke puts you at your sparkling best!

College
feeling
(1956)

Dog und ein Hamburger, ein 57er Chevy
und ein Picknick im Kirchgarten. So amerikanisch wie Mama und der liebe Gott.

»Coca-Cola is the most American
thing«, sagte ein Sprecher der Firma vor
ein paar Jahren, »amerikanischer als
Coca-Cola geht's nicht mehr.« Diese
Devise wurde jahrzehntelang gepredigt,
in Bildern, Slogans und Filmen auf das
amerikanische Volk losgelassen. Bis es
jeder glaubte und Coca-Cola tatsächlich
zu einem Stück Amerika wurde. Norman
Rockwell, der berühmte Maler und selbst

schon eine Legende, zauberte heimelige Szenen auf die Leinwand und drückte seinen liebevollen und durchschnittlichen Amerikanern die Coke-Flasche in die Hand. Keiner regte sich darüber auf, nicht mal die Bier- und Wassertrinker. Coca-Cola paßte in diese Szenen rein. So wie der Teddybär im Kinderzimmer, die Lockenwickler auf Mamas Kommode und der große Kühlschrank in der Küche. So wie der zottige Hund auf der Veranda und der Opa im Schaukelstuhl. Amerika pur. Norman Rockwell trug viel dazu bei, die Cola-Flasche zu einem amerikanischen Möbelstück zu machen.

Die tausendundeins Fotografen in den Diensten des Konzerns taten es ihm nach. Zauberten und komponierten typisch amerikanische Szenen für Anzeigen und Plakate. Ein Baseballspieler erfrischt sich nach gewonnenem Spiel mit einer Coke, ein Footballspieler in voller Montur macht es ihm nach. Sauber gekämmte Teenager sitzen im Drugstore und tauschen bei 'ner Coke die ersten Zärtlichkeiten aus. Der gesamte amerikanische Mittelstand gibt sich auf alten und neuen Coke-Plakaten die Ehre und zeigt der schweigenden Mehrheit, wo's langgeht. Frischwärts nämlich. Da sind sie alle versammelt, die Tankwarte, die Farmer, die Hausfrauen und die properen Teenager. Clean, vor allem clean, und anständig müssen sie sein. Wie Amerikaner eben sind. Oder sein sollen – wenn's nach Ronald Reagan, der Kirche oder der

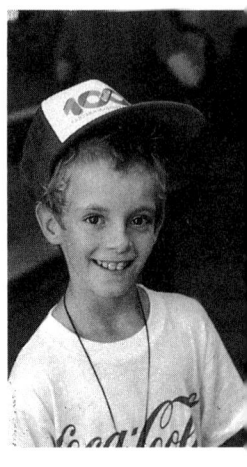

Junger
Coke-Fan

schweigenden Mehrheit geht, und die will Coca-Cola ja erreichen.

Langhaarige Schmuddelkinder sind nicht. Ausgeflippte Typen – Fehlanzeige. Sexy – um Gottes willen! Die Mädels müssen sauber sein, biederer Durchschnitt eben, modisch, aber nicht zu

Coca-Cola-Holzkiste aus den fünfziger Jahren

modisch, und das gilt auch für die Jungs. The All-American Girl, the All-American-Boy. Wie aus dem Klassenalbum der nächsten High-School. Sportlich-muntere Typen mit dem Drang zum heimischen Herd, so wie sich eine amerikanische Mutter den Schwiegersohn oder die Schwiegertochter wünscht. Das schließt das chinesische Mädchen oder den dunkelhäutigen Basketballspieler nicht aus, beileibe nicht, auch die gehören ja zu Amerika. Wie Coke eben und Mamas Apfelkuchen.

Coca-Cola ist Amerika. Steht für alles, was amerikanisch ist, für die guten und die schlechten Dinge. Für das Barbecue am Swimming-pool und den Besatzungssoldaten in good old Germany. Für die munteren College-Studenten im Drugstore an der Ecke und die politische und militärische Unterjochung der Dritten Welt. Coca-Cola ist überall, wo auch Amerika ist. Die Plakate hängen in Saginaw, Michigan, und in Nairobi, Kenia. Die Flaschen und die Dosen werden auf der ganzen Welt verkauft. Manche sehen das gar nicht gern. Da kommen die Ideologen an die Front und klagen den Getränkekonzern an, der Welt eine amerikanische Ohrfeige zu geben. In der Dritten Welt mögen sie damit richtig liegen, wenn auch nicht überall. Aber sonst? Das ist doch wie beim Fernsehen. Wer was zu meckern findet, kann den Kasten ja abschalten. Und wer keine Coke mag, braucht ja keine zu kaufen. Auch

100 Jahre Coca-Cola – 100 Jahre Automobil

Zurück zur Natur — Klaus Staeck, 1985
Ausstellung ›100 Jahre Automobil‹
im Haus der Kunst, München, 1986

AFTER THE THEATRE
DRINK A GLASS OF *Coca-Cola* 5¢

It relieves fatigue and excitement, and induces a spirit of thorough, restful satisfaction as delightful to the senses as *Coca-Cola* is to the sense of taste.

Sold at all founts and carbonated in bottles.

ich hab's nicht so mit der amerikanischen Politik und trinke dennoch eine Coke nach der anderen. Weil mir das Zeug schmeckt, und weil ich dabei an ein Amerika denke, das mit Politik nichts zu tun hat. Ich sehe einen Drive-In aus den fünfziger Jahren, so wie in *American Graffity,* ich seh' die Mädchen mit den Rollschuhen, ein paar Cokes auf dem Tablett, und die Jungs in ihren Fords und Chevys. Ich höre Wolfman Jack und die Beach Boys und denk mir, da wärst du gern dabeigewesen. Weil die fünfziger Jahre am amerikanischsten von allen Jahrzehnten waren und ohne die Sechseinhalb-Unzen-Flasche gar nicht möglich gewesen wären.

1905   Mit 'ner Coke bist du in Amerika. In den fünfziger Jahren und heute, auch wenn die Cowboys und Cowgirls heutzutage im japanischen Kleinwagen durch die Gegend düsen. Mit 'ner Coke hält das Feeling an, auch wenn der Saft aus 'ner Dose kommt. Allein auf dem Highway, irgendwo an einer einsamen Tankstelle halten und sich 'ne Dose Coke aus dem Automaten ziehen, das ist Amerika. Das ist das Coca-Cola-Feeling. Wie sagte doch besagter Schlauberger? »Coca-Cola is the most American thing – amerikanischer als Coca-Cola geht's nicht.« Ich gehe noch einen Schritt weiter. Ohne Coke wäre Amerika gar nicht möglich, wäre der Mythos um das Land gar nicht aufgekommen. Coca-Cola ist Amerika – nicht mehr und nicht weniger.

DR. JOHN S. PEMBERTON – EIN QUACKSALBER MACHT GESCHICHTE

Im Bürgerkrieg hatte er sich als wagemutiger Captain einen Namen gemacht. Nach der Kapitulation des Südens legte er sich einen Doktortitel zu und machte als Quacksalber von sich reden. John Styth Pemberton, ein ruhiger Zeitgenosse mit weichen Gesichtszügen und einem Bart wie Methusalem. Im Hinterhof eines Ziegelbaus in der Peachtree Street von Atlanta stellte er einen dreibeinigen Messingkessel auf und rührte mit einem großen Löffel allerlei Tinkturen und Wässerchen an. Globe of Flower Cough Syrup, Triplex Liver Pills, Indian Queen Hair Dye waren seine bekanntesten Arzneien und hielten ihn zumindest am Leben, bis er am 8. Mai 1886 einen absoluten Knaller landete. In den Annalen der Coca-Cola Company steht dieses Datum als Geburtstag von Coca-Cola verzeichnet.

Schon seit längerer Zeit war Pemberton damit beschäftigt, einen sogenannten *soft drink* zu erfinden, einen Sirup, der im Drugstore oder in der Eisdiele mit

Dr. John
S. Pemberton

Sprudelwasser vermischt werden und als Erfrischungsgetränk verkauft werden sollte. Eine Medizin im Schafspelz, eine wohlschmeckende Limonade, die gegen Kopfschmerzen und Magendrücken half und außerdem auf angenehme Weise den Durst löschte. In seinem neuen Labor in der Marietta Street experimentierte er mit Extrakten aus Coca-Blättern und Cola-Nüssen und Zucker und – so will's die Legende wissen – mit einer guten Prise Kokain, bis er an jenem denkwürdigen Tag im Mai begeistert aufschrie und einen Krug mit der neuen Mixtur abfüllte.

Mit dem Krug in der Hand marschierte Pemberton zu Jacob's Pharmacy, wo Willis E. Venable hinter seinem acht Meter langen Tresen residierte und Limonaden abfüllte. Die Bürger von

Atlanta nannten ihn den *soda-water king*, weil er die Limonaden wie kein anderer mischte und sein Laden immer gerammelt voll war. Pemberton pries seinen neuen Sirup an und bat Venable, eine Unze des klebrigen Zeugs mit Eis und Sodawasser zu vermischen. Der Sodakönig probierte und war recht angetan von dem neuen Gebräu. Er erklärte sich bereit, den Sirup in Kommission zu nehmen und seinen Kunden anzubieten. Mit Erfolg, wie sich einige Wochen später zeigte. Die Leute mochten das neue Getränk, das immer noch keinen Namen hatte, jetzt aber unbedingt einen brauchte.

In dieser Phase trat Frank M. Robinson auf den Plan. Er hatte bei Pemberton als Buchhalter angeheuert und schlug vor, den Drink Coca-Cola zu nennen, weil ja Jacob's Pharmacy

Alter
Coke-Sirup-
Krug

nun mal beides in dem Gebräu enthalten sei und sich die beiden Cs sicher gut auf Plakaten machten. Pemberton war begeistert, und als sein Buchhalter dann auch noch den legendären Schriftzug mit den geschwungenen Buchstaben kreierte, stand einer erfolgreichen Vermarktung des Getränks nichts mehr im Wege. *Delicious and Refreshing* stand auf dem ersten Gemälde, das vor Jacob's Pharmacy für Coca-Cola warb. Köstlich und erfrischend. Zwei Vokabeln, die auch heute noch in der Cola-Werbung gebraucht werden. Nur der Verkaufspreis von fünf Cents, der darunter vermerkt war, hat sich inzwischen verändert.

Mit diesem Plakat und einigen Anzeigen im *Atlanta Journal* erschöpften sich die werbestrategischen Maßnahmen des selbsternannten Doktor Pemberton aber auch schon. Dem Quacksalber fehlte die Weitsicht und das geniale Hirn seiner Nachfolger, die Coca-Cola zu einem der bekanntesten Markennamen der Erde und zu einem Synonym für wirtschaftlichen Erfolg machten. Mit anderen Worten, das erste Geschäftsjahr von Coca-Cola wurde zur Pleite, denn mit neun verkauften Drinks pro Tag war wahrlich kein Staat zu machen. Pemberton verkaufte einen Anteil seines Geschäftes nach dem anderen und gab kurz vor seinem Tod 1888 die restlichen Anteile an Coca-Cola ab. Der Käufer hieß Asa Griggs Candler und war ein Genie.

ASA G. CANDLER –
EIN GENIE LEGT LOS

Eigentlich wollte er ja Arzt werden. Statt dessen wurde er Apotheker und Drogist und einer der erfolgreichsten Firmenbosse der USA. Asa Griggs Candler, der erste Präsident der Coca-Cola Company. Ein weitsichtiger Mann mit einem genialen Händchen für erfolgreiche Geschäfte und Transaktionen.

Asa
G. Candler

Mit Coca-Cola hatte er anfangs nicht viel im Sinn. Er hatte die Anteile nur gekauft, um ein kleines Geschäft zu machen und setzte vielmehr auf Everlasting Cologne, ein Duftwasser, das sehr erfolgreich zu werden versprach und schon viele Käufer im Süden gefunden hatte. Zum Alleinbesitzer von Coca-Cola wurde er mehr oder weniger durch Zufall, weil seine Partner verkaufen wollten und er die Anteile billig bekommen konnte. Runde 2300 Dollar kostete ihn die spätere Weltfirma, und die letzten Papiere dieser denkwürdigen Transaktion wurden am 30. August 1888 unterschrieben.

Zu seinem treuesten Partner wurde Frank M. Robinson, derselbe Robinson, der den Namen Coca-Cola und den unverwechselbaren Schriftzug erfunden hatte. Die beiden Männer residierten in den hinteren Räumen eines Hauses an der Peachtree Street, in den zu der Hauptstraße gelegenen Verkaufsräumen saßen Dr. W. H. Ingram, ein Professor vom Atlanta Medical College, P. M. Christian und der Buchhalter Charles T. Come. Die Versandräume lagen im zweiten Stock und wurden von Samuel C. Dobbs beaufsichtigt. Die restlichen Angestellten rekrutierte Candler aus seiner großen Familie.

Mit achtunddreißig Jahren setzte Asa G. Candler alles auf eine Karte. Er hatte längst erkannt, daß man sich nicht verzetteln durfte und der große geschäftliche Durchbruch nur kam, wenn man sein ganzes Einkommen in ein Unternehmen investierte. Er glaubte inzwischen, es mit Coca-Cola gefunden zu haben. Also verkaufte er alles andere und steckte runde fünfzigtausend Dollar in die Vermarktung des köstlichen und erfrischenden Getränks. Ein genialer Schachzug, wie sich später herausstellte, denn auch 1890 sah noch niemand das Potential, das in der Marke Coca-Cola steckte. Er verlegte die Geschäftsräume in die Decatur Street Nr. 42 ½, über einem Saloon, einem Bekleidungsgeschäft und einer Pfandleihe, und startete den Siegeszug von Coca-Cola.

Der Erfolg übertraf alle Erwartungen. Aus der Asa Candler Company wurde die

Frank M. Robinson

Coca-Cola Company und aus dem frühe-
ren Ein-Mann-Unternehmen ein Geschäft
mit dreißig Mitarbeitern. Immer noch
nicht groß, wenn man es mit anderen
Fabriken verglich, aber sehr erfolgreich
und sehr effektiv. Weil man weitsichtige
Arbeitstiere im Aufsichtsrat hatte. Asa G.
Candler natürlich, aber auch dessen
Bruder John S. Candler und den nimmer-
müden Frank M. Robinson. Die Coca-Cola
Company wurde am 29. Januar 1892 als
Firma eingetragen und mit einem
Aktienkapital von hunderttausend Dollar
gestartet. Am 31. Januar 1893 wurde der
Markenname Coca-Cola im United States
Patents Office gesetzlich geschützt. Die
erste Dividende, die ein Jahr nach der
Firmengründung ausbezahlt wurde,
betrug zwanzig Dollar.

Soda
Fountain
in den
dreißiger
Jahren

Wieder einmal wurden die Räume zu klein. Coca-Cola zog in ein altes Haus an der südwestlichen Ecke von Ivy Street und Auburn Avenue um. Im ersten Stock waren die Büros und ein Lagerraum für Werbematerial untergebracht, im Erdgeschoß wurden alle Zutaten und der fertige Sirup gelagert, und im ausgebauten Keller hantierten hilfreiche Kräfte an einem 4500 Liter fassenden Holztank und einem riesigen Kupferkessel.

1922

Asa G. Candler wurde zum ersten Soft-Drink-Magnaten. Sein Verdienst bestand vor allem in einer weitsichtigen Firmenpolitik und der Erkenntnis, daß ohne Werbung und Marketing überhaupt nichts läuft. Er ließ den Namen Coca-Cola auf Uhren, Kalender und allen möglichen Schnickschnack pinseln und Gutscheine für ein kostenloses Glas Coca-Cola verteilen, die alte Kunden belohnen und neue Kunden gewinnen sollten. Das Rezept

Sirup-Behälter

ging auf. 1894 wurde die erste Zweignie-
derlassung in Dallas, Texas, gegründet,
und bereits ein Jahr später folgten Fabriken in Los Angeles und Chicago. Bereits
ein Jahr später wurden ein riesiges
Lagerhaus in Philadelphia und bald
darauf eine Fabrik in derselben Stadt
errichtet. 1895 konnte Asa B. Candler
stolz verkünden: »Coca-Cola wird in
jedem Staat und in jedem Territorium
der USA getrunken!«

Den Schlußpunkt, so glaubte er damals
jedenfalls, setzte er mit der Errichtung
des ersten firmeneigenen Coca-Cola Buil-
dings an der Ecke Edgewood Avenue
und College Street, die später in Coca-
Cola Place umbenannt wurde. Das neue
Hauptquartier sollte für alle Zeiten groß
genug sein und war doch schon fünf
Jahre später viel zu klein. Heute stehen
dort zwei riesige Wolkenkratzer, und der
Name Coca-Cola prangt hinter der Ein-
gangstür zu einem riesigen Gelände.

COCA-COLA – ZUM ERSTEN MAL IN FLASCHEN

Joseph A. Biedenharn war einer von vielen Drugstore-Besitzern, die mit Coca-Cola das große Geschäft machten. Alt und jung stand Schlange an seinem *soda fountain* und wartete begierig darauf, daß der Mann mit der weißen Mütze etwas Sirup in ein Glas füllte und schäumendes Sodawasser darüberlaufen ließ. Aber das war dem wackeren Mann nicht genug. Er bekam täglich Anfragen aus der Umgebung seiner Heimatstadt Vicksburg, Mississippi, von Plantagenbesitzern und Holzfällern, die Coca-Cola auch nach Hause mitnehmen wollten. Was lag da näher, als das neue Getränk in Flaschen abzufüllen. Er holte sich den Segen der Coca-Cola Company, ließ noch mehr Sirup aus Atlanta kommen und karrte täglich ganze Wagenladungen in die Umgebung.

Benjamin F. Thomas und Joseph B. Whitehead erkannten, daß auf diese Weise das große Geschäft zu machen war. Biedenharn hatte eine neue Marketing-Strategie entdeckt, die sogar den

Coke-Flasche
(1900 – 1916)

weltweiten Durchbruch für Coca-Cola bringen konnte. Dieser Meinung war auch Asa G. Candler, der sich aber auch darüber im klaren war, daß sich die Hauptfirma nicht auch noch dieser Arbeit annehmen konnte. Er verkaufte den beiden Unternehmern aus Chattanooga, Tennessee, die Abfüllizenz für die gesamten USA und beobachtete zufrieden lächelnd, wie eine Abfüllanlage nach der anderen entstand. Zusammen mit ihrem neuen Partner John T. Lupton bauten Thomas und Whitehead in Chattanooga und Atlanta und suchten dann nach örtlichem Kapital, das weitere Abfüllanlagen ermöglichte. Innerhalb der nächsten zwanzig Jahre entstanden

Die Urahnen der Coke-Flasche

tausend *bottle plants,* denen bis heute vierhundert weitere folgten. Der Grundstein zum Flaschenimperium war gelegt.

ROBERT W. WOODRUFF – DER BOSS

»Ich wußte nicht mehr über Coca-Cola als ein Schwein über den Sonntag«, sagte Robert Winship Woodruff einmal, dafür verstand er eine ganze Menge von Organisation und Werbung, beides Eigenschaften, die ihn zu ›Mr. Coca-Cola‹, zum großen Guru und Lenker und zum Boß der Firma machten.

Seine Schlitzohrigkeit und sein großes Organisationstalent stellte Woodruff schon als kleiner Schuljunge unter Beweis. Er ritt damals auf dem familieneigenen Pferd zur Schule und bekam von seinem Vater fünfzig Cents mit, um Futter für das Tier zu kaufen. Schlau wie der Junge war, freundete er sich mit dem Stallburschen an, der ihm das Futter daraufhin umsonst gab. Das Geld legte der kleine Woodruff in Süßigkeiten an.

Mit der Schule hatte Robert nie viel im Sinn. Schon auf dem College glaubte er alles zu wissen, was für eine erfolgreiche Karriere nötig war. Er wollte im Berufsleben seinen Mann stehen, verließ kurzerhand das Emory College und heuerte in einer Firma seines Vaters als Lehrling an.

Sirup-Spender

Robert
W. Woodruff

Für sechzig Cents am Tag rackerte er sich die Finger wund, bis ihm sein Vater einen verantwortungsvollen Posten in der ebenfalls familieneigenen Atlantic Ice & Coal Company gab. Eine seiner ersten Amtshandlungen bestand darin, die Pferdewagen der Firma durch motorisierte Trucks zu ersetzen, die er bei der White Company kaufte. Seine Verhandlungstechnik imponierte Walter White, dem Besitzer der heute von Volvo kontrollierten Lastwagenfabrik. Er holte den jungen Mann nach Cleveland und gab ihm einen lukrativen Managerposten.

1922 verunglückte Walter White, und Robert W. Woodruff wurde zum neuen Präsidenten der Truckfirma. Ein Jahr später übernahm er das Ruder bei Coca-Cola, und der wohl einzigartige Fall trat ein, daß ein Mann gleichzeitig Präsident bei zwei späteren Weltfirmen war. Ein Jahr lang führte Woodruff dieses anstrengende Doppelleben. Er pendelte zwischen Cleveland, Ohio, und Atlanta, Georgia, hin und her und entschied sich erst 1924, seine ganze Kraft in die Dienste von Coca-Cola zu stellen. Eine weise Entscheidung, wie sich bald herausstellen sollte.

Sein Vater Ernest Woodruff, der Präsident der Trust Company of Georgia, und ein Bankenkonsortium hatten Coca-Cola im Jahr 1919 für 25 Millionen Dollar von Asa Candler gekauft. Vier Jahre später übernahm Robert das Kommando in dem Soft-Drink-Imperium. Er trat mit dem Anspruch an, die Coca-Cola Company zu einem Weltunternehmen zu machen, und löste ihn innerhalb weniger Jahre mehr als ein. Dabei waren die Voraussetzungen alles andere als günstig. Die Übernahme fiel in die schwere Zeit einer wirtschaftlichen Rezession, und Coca-Cola hatte außerdem gegen hartnäckige Imitatoren zu kämpfen. Viele Experten malten bereits das Ende von Coca-Cola an die Wand, rechneten jedoch nicht mit dem Durchsetzungsvermögen von Robert Woodruff, der diverse Fragen in dieser Richtung mit einem markigen Spruch beantwortete: »Es ist leicht, in ein Tal und einen Hügel hinaufzublicken, aber es ist

1906

Coca-Cola

Sold at all Founts *and* Carbonated in Bottles 5¢

IS A DELICIOUS BEVERAGE *Delightfully In Harmony With the Spirit of* ALL OUTINGS

Men; Women and Children all healthy and happy and all drinking Coca-Cola
WHY?
DRINK
Coca-Cola
CIOUS & REFRESHING
Because of its Delightful Flavor and BENEFICIAL

Enjoy Coca-Cola ®
LIBERTY CENTENNIAL
FOUNDING SPONSOR

verdammt schwer, auf die andere Seite eines Berges zu schauen.«

Über sechzig Jahre lang lebte und arbeitete Robert W. Woodruff für Coca-Cola, und seine Erfolge lesen sich wie ein modernes Märchen. Unter seiner Führung, im Jahr 1928, wurden zum ersten Mal mehr Flaschen als *soda drinks* verkauft. In den frühen zwanziger Jahren erfand er die Sechserpackung, das *sixpack*, heute eine amerikanische Institution. 1929 wurden offene Kühlbehälter aus Metall eingeführt, die einen Verkauf in Fabriken und Büros ermöglichten. Vier Jahre später, auf der Weltausstellung in Chicago, wurde dem staunenden Publikum ein automatischer *soda fountain dispenser* präsentiert, aus dem gleichzeitig Sirup und Sodawasser, also fertiges Coca-Cola, flossen. Man brauchte nur an einem Hebel zu ziehen, und die braune Limonade floß ins Glas. 1937 waren diese ersten ›Cola-Automaten‹ überall im Land zu finden. »Mein Job ist es, Coca-Cola zu verkaufen«, meinte das Genie bescheiden, »darauf zu achten, daß so viele Menschen wie möglich sich daran erfreuen.«

Das Geheimnis seines Erfolgs beruhte vor allem auf vier Komponenten: Qualität, Werbung, Menschenführung und weltweiter Export. Das Qualitätsprinzip stand ganz obenan. Vor allem in der Werbung wurde darauf hingewiesen, daß die Kunden der Qualität von Coca-Cola vertrauen konnten, daß es dieses

Soda Fountain (1904)

Zweimal Amerika: Statue of Liberty und Coke

Getränk nur unter diesem einen Namen gab und man der Firma grenzenloses Vertrauen entgegenbringen konnte. Woodruff richtete Schulen und Camps ein, in denen Drugstorebesitzer und Abfüller in die Geheimnisse einer erfolgreichen Kundenbetreuung eingeweiht wurden, und er fuhr selbst aufs Land hinaus, um sich ein Bild über Verkauf und vor allem den Service zu machen. Ein Tankstellenbesitzer will ihn sogar einmal dabei entdeckt haben, wie er hinter dem Gebäude die im Dreck liegenden Kronenkorken zählte, um herauszufinden, wie Coca-Cola gegenüber der Konkurrenz abschnitt. »Mit dem Boß war nicht leicht auszukommen«, erzählt ein alter Angestellter der Company, »aber wir respektierten ihn alle. Er hat Coca-Cola zu dem gemacht, was es heute ist.«

Coke
Around the
Clock

Hier arbeitete Ernest Woodruff

Überliefert ist auch die Geschichte vom Rausschmiß des gesamten Verkaufspersonals. Der Boß war unzufrieden mit der Arbeit seiner Vertreter und griff zu einem raffinierten Trick, um seine Angestellten neu zu motivieren. »Ihr seid alle gefeuert!« sagte er eines Abends zu den völlig konsternierten Vertretern. »Aber wir eröffnen morgen früh eine neue Abteilung, die ›Service-Personal‹ heißen wird, und ihr dürft euch alle morgen früh um die neuen Stellen bewerben.« Die gefeuerten Vertreter verlebten eine unruhige Nacht, erschienen am nächsten Morgen geschlossen in der Firma und wurden wieder eingestellt. Die Arbeit blieb dieselbe, aber aus dem ›Verkaufspersonal‹ war das ›Service-Personal‹ geworden, und jeder Angestellte kehrte mit neuem Elan und neuen Ideen an seinen Arbeitsplatz zurück.

Robert Winship Woodruff – ein Genie, das auch in der Werbung und im Exportgeschäft neue Wege ging und aus Coca-Cola eines der größten Unternehmen der Welt machte. Er selbst sagte über seinen Erfolg: »Ich habe Glück gehabt.«

Der erste Sixpack

DIE PULLE MIT DEM SCHÖNEN HINTERN

Der große alte Mann des Industriedesign, Raymond Loewy, nannte sie die »perfekteste Verpackung, die heute in Gebrauch ist«. Andere geraten geradezu ins Schwärmen: »Die Flasche vermittelt sowohl beim Betrachten als auch beim Anfassen ein fast erotisches Gefühl.« Und Loewy behauptet weiter kurz und bündig: »Die Flasche ist eine Frau!«

In den zwanziger Jahren gab man ihr den Namen des Hollywood-Kurvenstars Mae West. Auch den Spitznamen *Hobble Skirt* ersann man damals, wiederum eine Anspielung auf die berühmteste Sexbombe der Roaring Twenties, Mae West, die sich auf der Leinwand gern in eng geschnürten Miedern produzierte.

Die auch heute noch in ihrer Form unveränderte Sechseinhalb-Unzen-Flasche ist einer der gelungensten und schönsten Gebrauchsgegenstände und mit Sicherheit der am weitesten verbreitete. Über 25 Jahre lang wurde die braune Brause in formlosen, weiß durchsichtigen Flaschen an den Mann

gebracht. Dabei dauerte es einige Zeit, bis man Coca-Cola überhaupt in Flaschen kaufen konnte. In den ersten Jahren nach 1886 war es üblich, sich das Getränk im *Soda Fountain* von einem Angestellten mixen zu lassen. Der Flaschenverkauf wurde überhaupt erst zu einem Geschäft, nachdem es gelungen war, das richtige Mischungsverhältnis von Sirup und sprudelndem Soda in die Flasche zu bekommen. Maschinell, versteht sich. Die erste in eine Flasche abgefüllte Cola wurde von der Firma Hutchinson hergestellt. Eine Flasche mit Stahlbügel, der einen abwaschbaren Gummidichtungsring auf die Flasche drückte. Das war praktisch, denn so konnte man die Pulle wiederverwenden. Diese Flasche sah so ähnlich aus wie unsere Bierflaschen, die in Deutschland noch bis spät in den sechziger Jahren allgemein gebräuchlich waren. Beim Öffnen der Pulle gab es ein schmatzendes, poppendes Geräusch, das der ganzen Soft-Drink-Branche jahrelang ihren Namen gab: Pop-Soda.

Entwickelt wurde die heute gebräuchliche Coca-Cola-Flasche im Jahr 1913. Man hatte zur Auflage gemacht, eine Form zu entwickeln, die so typisch und unverwechselbar sei, daß man sie selbst im Dunkeln unfehlbar als Cola-Flasche ertasten und identifizieren konnte. Alexander Samuelson gelang der große Entwurf, einem Angestellten der C. J. Root Glass Company, die sich die Flasche im Jahr 1915 patentieren ließ.

Es wurde behauptet, die Flasche sei einer Vase von Tiffany nachempfunden. Das kann sein, denn starke Jugendstilelemente finden sich in der geriffelten Cola-Flasche ohne Zweifel. Wie auch immer, die Coca-Cola-Flasche ist zu einem unverwechselbaren Markenzeichen geworden, zu einem Fetisch, dem der wahre Cola-Jünger fast sklavisch verfallen ist. Cola trinkt man als Coke-Gourmet nur aus dieser Flasche mit der engen Taille. Nur daraus kann man den braunen Saft genießen. Dem Kenner würde es nicht im Traum einfallen, eine eisgekühlte Coca-Cola aus der Büchse zu trinken. Beim Anblick einer Zwei-Liter-Plastik-Flasche, wie sie inzwischen in jedem Supermarkt erhältlich ist, würgt es ihn. Da wendet er sich, ob dieser geschmacklosen Gewöhnlichkeit, voller Abscheu.

Die Flasche ist es, die zum *All American Art Symbol* erhoben wurde. Sie hat einen Ehrenplatz im Museum für moderne Kunst in New York. Nur die Flasche ist zum Kunstobjekt geworden, der Inhalt ist da fast sekundär. Die Coca-Cola-Flasche wurde von Andy Warhol zu einem Objekt der Pop-Art stilisiert. Etliche Künstler dieser Kunstrichtung haben die Cola-Flasche als Symbol des *American Way of Life* künstlerisch verarbeitet. Fast jeder Souvenir- und Kitschladen verkauft heute die Cola-Flasche — mal vergagt als Radiergummi, als Radio oder schlicht als Kunstobjekt, das man sich in den Schrank stellen kann, um damit Kunstsinn fürs Moderne zu signalisieren.

Im prüden Amerika der zwanziger Jahre verstieg man sich, um die Flasche in ihrer Weiblichkeit zu beschreiben, neben den Koseworten wie Mae West auch noch ins Griechische. Kallipygisch sei sie, auf deutsch: Sie habe einen schönen Hintern (von Kallipygos, ein Beiname für die Göttin Aphrodite). Die griffigen, weiblichen Formen der Flasche haben bestimmt entscheidend zur Beliebtheit des Getränkes beigetragen. Die fast irrationale und emotionale Beziehung, die der ›Cola-Süchtige‹ zum Markenzeichen Coca-Cola entwickelt, ist wohl weitgehend auf das Design zurückzuführen. Wie kann man beim Anfassen der seit 1963 auf dem Markt befindlichen Büchse ins Schwärmen geraten? Nein, nur die Flasche gibt dem Slogan Inhalt: Coke is it!

COCA-COLA
AN DER FRONT

Der eigentliche Gewinner des Zweiten Weltkriegs war Coca-Cola. Im fernen Italien, im heißen Nordafrika, auf einer einsamen Insel im Südpazifik merkten die amerikanischen Soldaten, was ihnen am meisten fehlte, und das war neben den Eltern, der Frau oder der Freundin eine Flasche Coca-Cola. Tausende von Briefen erreichten die Company, und General Dwight D. Eisenhower schickte sogar eine offizielle Bestellung aus Algier in Nordafrika – vielleicht die größte Bestellung, die jemals in Atlanta einging. »… erbitten wir die Lieferung von drei Millionen gefüllten Flaschen Coca-Cola…« stand in dem offiziellen Schreiben vom 29. Juni 1943. Außerdem bestellte der General die Ausrüstung für zehn komplette Abfüllanlagen, damit Coca-Cola auch an der Front hergestellt werden konnte.

Bei den hohen Herren in Atlanta rannte Eisenhower damit offene Türen ein. Bereits 1941 hatte Robert Woodruff seine Mitarbeiter gebeten, »dafür zu sorgen, daß jeder Mann in Uniform die

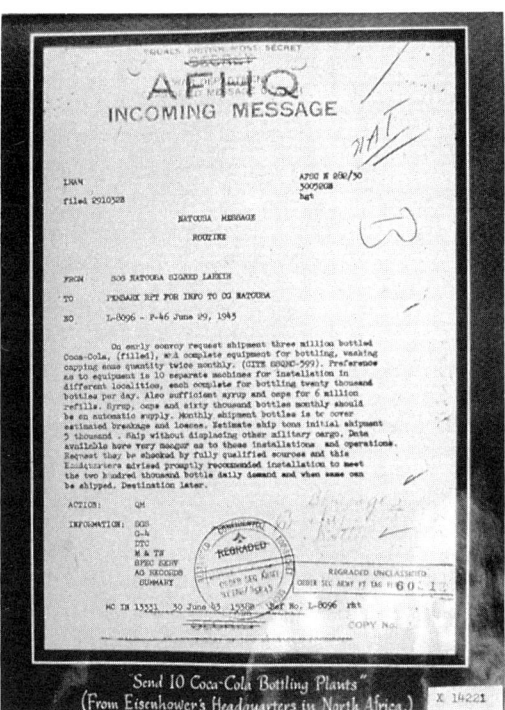

Eisenhowers Telegramm

Send 10 Coca-Cola Bottling Plants"
(From Eisenhower's Headquarters in North Africa.)

Möglichkeit bekommt, eine Flasche für 5 Cents zu kaufen, egal, wo er sich gerade aufhält, und egal, was es die Firma kostet«. Coca-Cola sollte die Moral der Truppe stärken, heimwehkranken Soldaten ein Stück Amerika an die Front bringen und sie daran erinnern, wofür sie kämpften. Für die Freiheit natürlich, aber vor allem natürlich für Amerika, und dieses Land wurde am besten durch das Sternenbanner und die Sechseinhalb-Unzen-Flasche aus Atlanta repräsentiert.

The
global
high-sign

Innerhalb von sechs Monaten wurde die erste Abfüllanlage in Algier installiert. Es folgten dreiundsechzig weitere Betriebe innerhalb der restlichen Kriegsjahre, und die Armeeführung sorgte dafür, daß sie so nahe wie möglich an der Kampfzone gebaut wurden. Mehr als fünf Milliarden Flaschen Coca-Cola tranken die amerikanischen Soldaten im Zweiten Weltkrieg. Die braune Limonade eroberte die Welt und wurde für die Moral der kämpfenden Truppe so wichtig wie die aufmunternde Stimme des Präsidenten oder ein Liebesbrief von zu Hause.

Aber auch die Menschen in den fernen Ländern lernten Coca-Cola schätzen und lieben. Manch einer trank die Limonade zum ersten Mal, und die meisten waren so begeistert, daß es ein leichtes für Coca-Cola war, nach dem Krieg mit der

Coca-Cola im Krieg (1944)

eigentlichen Eroberung der Welt zu beginnen. Jetzt herrschte Frieden, und Amerika schickte auch keine Soldaten mehr, sondern Manager und Experten der Coca-Cola Company, die vor allem die westliche Welt und Südamerika mit einem Netz von Abfüllanlagen überzogen. Alles Amerikanische wurde begierig von der Weltbevölkerung angenommen, ob Lucky Strike oder Glenn Miller oder Coca-Cola, und der braune Drink startete einen einzigartigen Siegeszug. Allein in Südamerika wurden in den vierziger Jahren vierzehn Länder in die große Coca-Cola-Familie aufgenommen.

Der Zweite Weltkrieg – ein Glücksfall für Coca-Cola, so makaber das klingen mag. Die amerikanische Armee, der beste Werbeträger, den die Firma je hatte, trug die Kunde von dem braunen Zaubertrank in alle Welt, und die kleine Flasche wurde zum Symbol von Freiheit, Frieden und Freundschaft. Was kann einer Marke besseres passieren?

EINE FLASCHE COCA-COLA FÜR DREITAUSEND DOLLAR

Irgendwo in Italien, im Herbst des Jahres 1943. Die Soldaten der 13th Field Artillery Brigade waren während der Invasion im November 1942 in Nordafrika gelandet, hatten nach Italien übergesetzt und rückten nun gegen die deutsche Front vor. Winterliche Platzregen weichten den Boden auf, die Moral war auf den Nullpunkt gesunken, und jeder sehnte sich nach der Heimat.

Corporal Dudley Glover und Sergeant-Major Woodrow Daniel hatten seit über einem Jahr kein Coca-Cola mehr getrunken. Allein der Gedanke an die braune Limonade machte sie durstig. Zum Glück ahnte ein guter Freund in Daytona Beach ihren Kummer. Ted Williams wickelte zwei Flaschen des kostbaren Saftes in ein Paar Socken und schickte sie an die Front. Das kostbare Paket erreichte die Freunde im September 1943. Beim Anblick der beiden Flaschen brachen die Freunde in Tränen aus, und Colonel Johnson Hagood Jr. sagte später: »Für meine Männer, die sich seit Herbst 1942

Coca-Cola
an der Front

durch Afrika, Sizilien und Italien geschleppt hatten, bedeuteten die beiden Flaschen ein kleines Stück Amerika.«

Die Öffnung der ersten Flasche machten die beiden Soldaten zum Ritual. Sie zogen mit ihrer Kostbarkeit aus dem Camp und setzten sich oberhalb des Flusses auf einen Hügel. Einer der beiden zog mit seiner Gürtelschnalle vorsichtig den Kronenkorken ab, und dann trank man abwechselnd und in kleinen Schlucken, bis kein Tropfen mehr in der Flasche war. Die zweite Flasche wollten sie aufheben, bis die Berge auf der anderen Seite des Flusses erreicht waren und das Kleinod fachgerecht im Gipfelschnee gekühlt werden konnte.

Dazu kam es aber nie. Ein Freund überredete die beiden, ihren Schatz einer Lotterie zugunsten notleidender Angehöriger zur Verfügung zu stellen, und die Soldaten erklärten sich sofort einverstanden. Die Verlosung wurde in *The Barracks Bag Express,* der Brigade-Zeitung, ausgeschrieben. Mit einem Einsatz von 25 Cents hatte jeder Soldat die Chance, die unter höchsten Sicherheitsvorkehrungen bewachte Flasche zu gewinnen.

Nach drei Wochen waren 3007,73 Dollar zusammengekommen. Das war der höchste Preis, der jemals für eine im Handel befindliche Flasche Coca-Cola bezahlt wurde. Der glückliche Gewinner des Hauptgewinns hieß Vernon T. Anderson und war Colonel bei der 178th Field Artillery aus South Carolina.

»WIR KÄMPFEN FÜR DAS RECHT, COCA-COLA KAUFEN ZU KÖNNEN!«

Auf den geliebten Hamburger oder eine Zigarette konnte ein amerikanischer Soldat im Zweiten Weltkrieg zur Not verzichten – auf eine Flasche Coca-Cola nur sehr schwer. In vielen, vielen Briefen, die bei der Company und Verwandten in Amerika während des Krieges eingingen, wurde deutlich, wie sehr Coca-Cola zum Symbol der Heimat und eines freien Amerika geworden war.

Anzeige in ›Life‹

Ein Sergeant aus Kansas schrieb an seine Eltern: »Es sind die kleinen und nicht die großen Dinge, für die ein Soldat in der Fremde kämpft. Die Freundin, die im Drugstore eine Coke trinkt, die Musikbox und das sommerliche Wetter. Der gewöhnliche Soldat will nach Hause, in seine alten Kleider schlüpfen und das tun, was er immer getan hat.«

Ein amerikanischer Soldat, der irgendwo auf einer einsamen Insel im Pazifik stationiert war, schrieb an einen Abfüller in Illinois: »Ich war immer der Meinung, daß Coca-Cola ein tolles Getränk ist, aber auf einer Insel, die nur wenige Weiße

"Howdy, friend"

DRINK
Coca-Cola

"I'm loyal to quality"

So matter where you go, somewhere near you is a big, friendly red sign with the trade-mark "Coca-Cola". It reminds you that ice-cold "Coca-Cola" is everything refreshment should be...a clean, exciting taste...quality you can trust...refreshment you feel. When you drink ice-cold "Coca-Cola", you know it's *the real thing*.

5¢

Refreshment is my business. Good taste is my specialty. I bring you quality appeal... goodness that keeps on being good. I'm "Coca-Cola", known, too, as "Coke". Ice-cold "Coca-Cola" is always something to look forward to. Its quality carries on.

betreten haben, ist es ein Geschenk des Himmels. Ich kann Ihnen sagen, daß ich noch nie so glückliche Gesichter wie bei diesen Jungs gesehen habe, als sie sahen, daß es auf dieser gottverlassenen Insel Coca-Cola zu kaufen gibt.«

Colonel Robert L. Scott, ein Mitglied der Flying Tigers in China, schrieb in seinem Buch *God Is My Co-Pilot:* »Ich weiß nicht genau, was Demokratie bedeutet, aber bei unseren Gesprächen in China stellte sich heraus, daß wir für das amerikanische Mädchen kämpften. Sie bedeutete für uns Amerika, Demokratie, Coca-Cola, Hamburger, saubere Betten und amerikanischen Lebensstil.«

1914

Ein Pilot der Air Force schrieb nach Hause: »Ihr solltet die wirkliche Geschichte dieses Krieges hören, die Saga einer echten Flasche Coca-Cola, der ersten, die ich hier gesehen habe. Ein Pilot zog sie unter seinem Hemd hervor. Er hatte sie dort versteckt, aus Angst, er könnte auf dem Weg zur Unterkunft beraubt werden. Nachdem er ins Zimmer getreten war, verschloß er erst einmal die Tür, bevor er die Flasche unter seinem Hemd hervorzog. Er liebkoste sie, rollte mit den Augen und schmatzte mit den Lippen, so freute er sich darauf. Ich bot ihm einen Dollar für die Hälfte der Flasche, dann zwei, drei und fünf Dollar. Aber er brachte es nicht fertig, sie zu öffnen und verschloß sie in einer Tasche. Hier ist meine Bestellung für hundert Flaschen, wenn ich nach Hause komme. Ich

GENUINE

Ask the Soda Man—he'll
tell you the crowd drinks

Coca-Cola

The drink with dash—vim—vigor
and go to it. The thirsty one's one
best beverage. Delicious and refreshing.

Whenever
you see an
Arrow think
of Coca-Cola.

Demand the genuine by full name—
Nicknames encourage substitution.

THE COCA-COLA CO.
ATLANTA, GA.

bestelle schon jetzt, um auch wirklich sicherzugehen, daß sie da sind, wenn ich komme, denn ich möchte dann meinen Kopf in eine große Schale mit Coca-Cola stecken.«

Und ein einfacher Soldat schrieb an seine Mutter: »Gestern war ein Feiertag. Ich erhielt Deine beiden Briefe und dann noch sechs Flaschen Coca-Cola. Sie sind ein Geschenk von meinem Freund im Air Corps und die ersten Flaschen, die ich seit meiner Abreise sehe. Ich habe mich noch nicht entschieden, ob ich sie aufheben oder trinken soll. Ich habe jedem Offizier in meinem Zelt eine geschenkt und besitze jetzt noch drei. Wir stellen die Flaschen auf den Tisch, schauen sie an und sprechen darüber. Dann packen wir sie wieder weg, begierig darauf, sie am nächsten Tag wieder hervorzuholen. Wir könnten sie für hundert Dollar pro Stück verkaufen, denken aber nicht daran. Es ist schon erstaunlich, was Coca-Cola für einen Soldaten hier drüben bedeutet. Einige Männer haben sogar nach Hause geschrieben und darum gebeten, ihnen eine Flasche mit der Post zu schicken.«

1923

Und bevor die Abfüllanlagen in Algier und Casablanca gebaut wurden, schrieben sieben Soldaten einen Brief an die Coca-Cola Company: »Wenn uns irgend jemand fragt, wofür wir eigentlich kämpfen, sagt bestimmt die Hälfte von uns, für das Recht, wieder Coca-Cola kaufen zu können.«

KUNST
UND COKE

Welche Stil- oder Kunstrichtung auch gerade angesagt war, Coca-Colas Werbespezialisten kommerzialisierten jede Richtung für ihren Konzern. Man kann sogar von Coke-Kunst sprechen. Coca-Cola schuf sich mit spezifischen Kunstelementen seine eigenen, nur auf das Markenzeichen konzentrierten Kunstobjekte.

Rechts:
Raritäten

Coke-Tabletts

Da war die dekorative Kunst von *Art Nouveau,* dem Jugendstil so um die Jahrhundertwende, den Coca-Cola gekonnt in seinen Werbemaßnahmen verarbeitete. *Impressionistische* Elemente zierten Coca-Cola-Plakate. *Minimal Art* hatte seinen Einfluß auf das äußere Erscheinungsbild des Markenzeichens: Die bekannten, geschwungenen Schriftzüge wurden unter dem Einfluß dieser Kunstrichtung einfacher und geradliniger. Selbst das eingetragene Markenzeichen

Sammlerstück

Coca-Cola reduzierte dieser Stil: von Coca-Cola zu Coke. Jede Kunstepoche des 20. Jahrhunderts ist als Stilelement in den Coca-Cola-Anzeigen, den Werbekampagnen und den vielen Werbegeschenken vertreten.

Dann wurde Coca-Cola selber zum Kunstobjekt. Die Cola-Flasche wurde in der Pop Art von so namhaften Künstlern wie Rauschenberg, Andy Warhol oder Mel Ramos zum Objekt ihres künstlerischen Schaffens erhoben.

Coke-Lampe

MODE
UND COKE

Wer sich einen Überblick über die verschiedensten Modetrends der letzten hundert Jahre verschaffen will, sollte sich die Werbung von Coca-Cola ansehen. Schon immer standen die Frauen bei den werblichen Maßnahmen des Konzerns im Vordergrund, und Frauen sind nun mal für die Kreationen der Modeschöpfer besonders anfällig. Wie sehr und wie stark sich die Damen der Gesellschaft dem Diktat der Künstler der glühenden Nadel unterworfen haben, zeigt die Cola-Werbung. Da wirbt die elegante Lady, in einen Traum aus Seide gehüllt, in lässig provokanter Haltung für die Limonade. Das sommersprossige Sportgirl im adretten Faltenrock. Der Filmstar der dreißiger Jahre verkauft Coca-Cola in einem ›kleinen Schwarzen‹ von Coco Chanel. Das gesunde, pausbäckige Mädel vom Lande, mit Kopftuch und artig geschlossener Bluse, suggeriert dem Betrachter den Frischwärts-Schluck aus der Flasche. Woodstock-Girls, die durchgestylte Geschäftsfrau, jeder Typ, jeder Modetrend ist in der Werbung von

Coca-Cola zu finden. Dabei setzt die Brausefirma nie eigene Trends. Selbst in ihrer eigenen, mit der seit 1985 mit dem Coke-Logo versehenen Freizeitkleidung, bringt die Company nur Textilien auf den Markt, die schlicht und praktisch sind, aber keinerlei modische Extravaganzen aufweisen. Dennoch – Modedesigner sollten sich die Coca-Cola-Werbung der letzten hundert Jahre mal anschauen. Vielleicht finden sie da Anregungen, die sie heute wieder als letzten Schrei verkaufen können.

Zwei Hände voll Coke

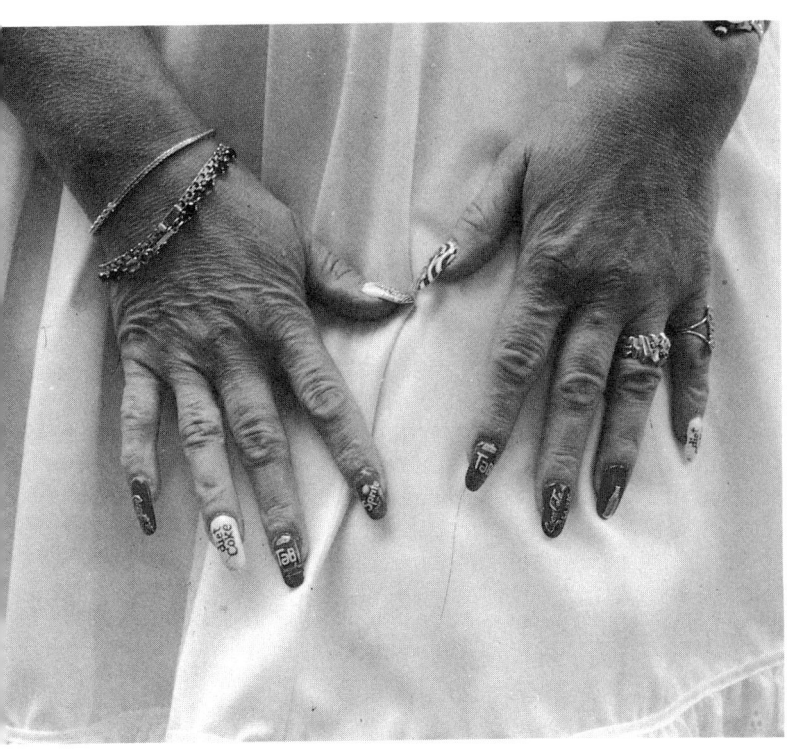

COKE UND DER WEIHNACHTSMANN

Einen absoluten Kracher landete Coca-Cola 1930 mit der Behauptung, daß sie den Weihnachtsmann, in Amerika unter dem Namen Santa Claus bekannt, erfunden hätten. Beweis: Er trägt rot-weiße Kleidung. So einfach ist das? Nein, so genial ist das!

Denn gerade hatten die Cola-Werbespezialisten nach einer Idee von Archie Lee und dem künstlerischen Talent von Haddon Sundblom einen neuen Weihnachtsmann-Typ entworfen, der sich ideal für den Coke-Verkauf einsetzen ließ. Haddon Sundblom zeichnete ein Männlein, so eine Mischung zwischen lustigem Kobold mit Knollennase und gütigem Großvater, der haargenau den kindlichen Phantasien entsprach, wie der Weihnachtsmann auszusehen hatte. Und auch bei den Erwachsenen voll ankam. Santa Claus erfrischt sich also bei seiner schweren Arbeit, als meistbeschäftigter Saisonarbeiter der Welt, in der wohlverdienten Pause mit Coca-Cola. Während seiner nächtlichen Besuche vergißt er nicht, beim Verlassen der

Wohnung noch schnell den Eisschrank mit Cola nachzufüllen. Ein netter Hinweis an die Eltern, daß ein Abend unter dem Christbaum ohne Coca-Cola für die Kinder nur halb so schön ist. Und auf einem anderen Werbeplakat stellen ihm die Kinder – als Dankeschön für die vielen Geschenke – natürlich eine Coke hin.

Santa Claus
(1943)

ANTIQUITÄTEN, KITSCH UND COKE

Wie oft haben Sie schon ein Handtuch verschenkt, das den Coca-Cola-Schriftzug trug? Wie oft haben Sie schon eine Cola-Flasche weggeworfen? Einen Flaschen-öffner, eine Kühltasche oder Kugelschreiber mit dem rot-weißen Markenzeichen einfach in den Müll wandern lassen? Sie sollten diese Gegenstände in Zukunft besser in einer Truhe verstauen, da Sie eventuell Schätze besitzen, die Ihr Bankkonto um einige freundliche Märker aufbessern könnten.

Museumsstück: Coke-Radio

Sammlerstücke

1930

Der Begriff Antiquität ist in unserer schnellebigen Gesellschaft und Zeit vakant geworden. Für den einen muß eine Vase, ein Schrank oder ein Bild mindestens hundert Jahre alt sein, um den Begriff Antiquität mit Recht tragen zu können. Der andere sammelt Gegenstände, die nicht älter als zehn bis dreißig Jahre sind, und betrachtet sie mit dem gleichen Stolz wie einer, der ein Louis-Seize-Tischchen sein eigen nennt.

Welcher Standpunkt auch eingenommen wird – vielleicht gilt als Maßstab die Geldsumme, die für ein besonderes Stück ausgegeben wird, um in den Augen des Besitzers – wenn schon nicht eine Antiquität, dann doch zumindest ein wertvolles Sammlerstück darzustellen.

Für die Coca-Cola-Gemeinde ist allerdings alles, was irgendwie mit dieser Marke zu tun hat, von Wert. Für Coca-Cola-Utensilien werden unter Sammlern, und da gibt es weltweit etliche tausend, inzwischen horrende Preise gefordert und auch bezahlt. So erzielte ein Coke-Kalender aus dem Jahr 1901 auf einer Auktion in Atlanta dieses Jahr die hübsche Summe von fast 4000 Dollar. Eine dem Tiffany-Stil nachempfundene Kneipenlampe wird mit 25000 Dollar gehandelt. Alte Plakate gehen nicht unter hundert bis fünfhundert Dollar weg. Und der dreiteilige Sirupbehälter aus Porzellan aus dem Jahre 1895 ist unbezahlbar und wird als Schatz im

...für
3900 Dollar
wechselte
dieser
Kalender
den Besitzer

kleinen Coke-Museum in der Zentrale der Company in Atlanta hinter Glas gehütet. Ob Uhr, Tablett oder Teller, Gürtelschnalle oder Freimarken für ein Glas Coca-Cola aus den Jahren 1895 bis 1905, die Coke-›Kunstwerke‹ haben sich längst ihren Markt erobert.

Es lohnt sich daher schon heute, mit dem Sammeln von Stücken anzufangen, die irgendwie zeigen, daß sie für die braune Brause werben. Oft rümpfen wir die Nase über Taschenmesser oder Taschentücher mit dem Coke-Logo. Wir wehren uns dagegen, Kleider zu kaufen, die uns zu wandelnden Litfaßsäulen machen (obwohl Markenwerbung gerade sehr in Mode ist – siehe Lacoste). Als Kitsch werfen wir leichtfertig das Thermometer weg, das auf einer blechernen Cola-Flasche angebracht ist. Und das Radio, das als Mini-Coke-Maschine verkleidet seinen Geist aufgibt, wird auf dem Flohmarkt verhökert. Nie würden wir uns eine Coca-Cola-Küchenuhr an die Wand hängen oder mit einer Pocketkamera die Urlaubsbilder knipsen, wenn sie im Design einer Coke-Büchse verborgen ist. Sie sollten sich alle diese Dinge kaufen. Jetzt. Sofort. Noch heute, denn schon morgen können diese Gimmicks unbezahlbar sein. Denken Sie in Zukunft daran: Coke Art hat schon längst seinen Preis.

Coke-Bär

COCA-COLA
ALL OVER THE WORLD

Das erste Glas Coca-Cola wurde bereits um die Jahrhundertwende in Europa abgefüllt. Dieser denkwürdige Augenblick war allerdings nicht das Ergebnis einer auf internationalen Handel ausgerichteten Firmenpolitik, sondern mehr oder weniger ein Zufall. Charles Howard Candler, der älteste Sohn des Coca-Cola-Bosses, hatte einen Behälter mit dem braunen Sirup auf eine Urlaubsreise nach England mitgenommen und in London einem befreundeten Eisdielenchef geschenkt. Der war so begeistert von dem neuen Geschmack, daß er gleich eine Nachbestellung nach Atlanta schickte. Fünf Gallonen, also runde zwanzig Liter mit dem neuen Göttertrank, wollte er haben und bekam sie auch.

Natürlich wurde Coca-Cola auch in den Anfangsjahren nicht nur in den USA getrunken. Auch in Kanada gab man sich dem neuen Geschmack hin, und es ist wohl anzunehmen, daß einige Flaschen auch den Weg ins nahe Mexiko fanden. Um 1900 exportierte Coca-Cola zum ersten Mal nach Puerto Rico und Kuba,

leider ist nicht überliefert, ob die kubanischen Strandjungs schon damals auf die Idee kamen, weißen Rum in die braune Limonade zu schütten, und damit das heute so beliebte Cuba Libre erfanden. Es folgten Panama und Guam und, man höre und staune, Frankreich, das 1920 auf den Geschmack kam und die erste europäische Abfüllanlage auf dem Kontinent bekam.

Türkische Coke-Werbung (1981)

Links: Coca-Cola erobert die Welt

So richtig los ging's mit dem Export aber erst, als Robert W. Woodruff die Leitung des Konzerns übernahm. Der Boß erkannte gleich, daß Coca-Cola das Zeug hatte, auch international berühmt zu werden, und schickte seine Botschafter in die ganze Welt. 1926 gründete er sogar eine eigene Abteilung, die sich ausschließlich um die Expansion der Company und den Export kümmern sollte. Er nannte sie Foreign Department, also Außenministerium. Vier Jahre später wurde der Name in The Coca-Cola Export Corporation geändert.

Die neue Abteilung leistete ganze Arbeit. Allein in den ersten vier Jahren ihres Bestehens vervierfachte sich die Zahl der Länder, in denen Coke getrunken wurde. Der Zweite Weltkrieg half

Rechts oben:
Coke im
Nahen Osten

Rechts unten:
Japanische
Flasche

Coke Werbung
in China

noch mal kräftig nach, und nur bei der Eroberung der kommunistischen Länder hatte man gegenüber dem Konkurrenten Pepsi das Nachsehen. Vorerst und vielleicht sogar aus eigenem Willen. Eine amerikanische Institution wie Coca-Cola hatte nach der Meinung vieler Angestellter nichts hinter dem Eisernen Vorhang zu suchen.

Die Einstellung änderte sich erst vor ein paar Jahren, als man erkannte, wie wichtig die wirtschaftliche Eroberung des Ostens für den Umsatz in den USA wurde. Den konservativen Kommunistenhassern in Amerika drehte es bei dem Gedanken, auf dem Roten Platz könne *ihr* Coca-Cola verkauft werden, zwar den Magen um, aber die Farmer in Kansas verkauften schließlich auch ihren

65

Weizen in die UdSSR. Warum also nicht Coca-Cola? Schon bei den Olympischen Spielen 1980 wollte man in Moskau ganz groß herauskommen, dann machte Carters Boykott einen Strich durch die Rechnung, und man mußte bis 1985 warten. Erst dann wurde Coca-Cola auch in der Sowjetunion hergestellt. Lieferbar war es schon 1983, allerdings wurde damals importiert.

Den großen Coup landete Coca-Cola im Jahr 1981, als die Company den chinesischen Markt eroberte und die erste Abfüllanlage in Beijing installierte. Es folgten weitere Betriebe in Guangzhou und Xiamen, und anläßlich der Einweihung der vierten Abfüllanlage im Juni 1985 konnte Claus M. Halle, der Chef der internationalen Abteilung, stolz ver-

Coke in Äthiopien

künden: »Die erste Phase mit den Abfüll-anlagen in Beijing, Guangzhou und Xiamen hat einen außerordentlichen Erfolg gebracht. Die Nachfrage nach unseren Produkten ist ständig gestie-gen, und Coca-Cola, Sprite und Fanta werden immer erfolgreicher, weil diese Produkte nun auch in vielen Gegenden lieferbar sind. Wir erwarten von diesem neuen Betrieb, daß er uns auf lange Sicht ein ständiges Wachstum in China garan-tiert.«

Coca-Cola all over the world – das kann man getrost sagen. Coca-Cola gibt es auf der ganzen Welt. Zumindest in 155 Ländern der Erde, in denen achtzig verschiedene Sprachen gesprochen werden, und das ist ja auch schon eine ganze Menge.

Coke
por favor?

EINE COKE
FÜR MR. PRESIDENT

Coca-Cola ist ein Synonym für den *American way of life* oder wird zumindest so interpretiert – das ist bekannt. Bekannt ist aber auch, daß sich Politiker jeder Richtung und egal in welchem Land auch immer gern mit Attributen umgeben, die das Volk liebt. Coke ist so ein Instrument, mit dem man Volksnähe, eine gewisse Hemdsärmeligkeit, aber auch Erfolg signalisieren kann. Die amerikanischen Präsidenten ließen sich gern mit einer Flasche Cola fotografieren. Ob dies nun auch zu Werbezwecken geschah, sei dahingestellt. Von Dwight D. Eisenhower, dem großen amerikanischen Kriegshelden, ist bekannt, daß er ohne seine Flasche Coca-Cola ausgesprochen schlecht gelaunt war. Präsident Harry Truman ließ sich ebenfalls mit der kleinen Flasche fotografieren, auch Lyndon B. Johnson kann man auf einer Fotografie sehen, wie er einen tiefen Schluck aus der Coca-Cola-Flasche nimmt. Auf einem anderen Foto gibt John F. Kennedy Coke eine besonders feine Note. Er sitzt im Smoking an einem Tisch,

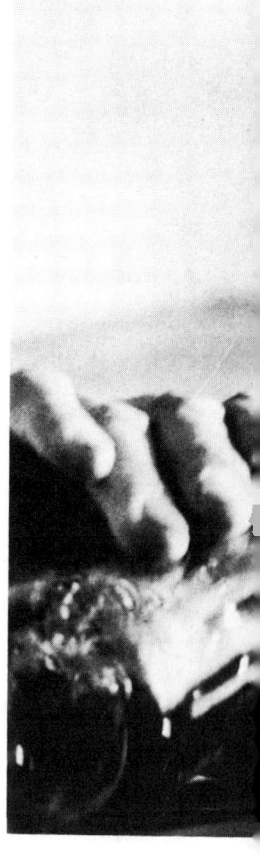

neben sich ein Glas Wein, aber in unmittelbarer Reichweite steht die Flasche Coca-Cola.

Alle diese Präsidenten tranken Coca-Cola. Aus dem Rahmen fiel nur Richard Nixon. Er war Pepsi-Trinker. Ätsch! Für den PepsiCo-Konzern unbezahlbar (oder doch?), rührte er auf seinen vielen ausländischen diplomatischen Missionen

Auch Fidel trinkt Coke

kräftig die Werbetrommel für das andere Cola-Getränk. Bis Jimmy Carter an die Macht kam. Und er, ein Mann aus dem Süden, war natürlich wieder strammer Coke-Schlucker. Wie es sich eben gehört. Und da Nancy schon als junge Dame für Coca-Cola die Werbetrommel schlug, kann man annehmen, daß auch Ronald seinen Durst mit Coke löscht. Ach so, einen wichtigen Mann hätten wir fast vergessen. Er hat mit den amerikanischen Präsidenten nichts am Hut. Will mit ihnen bestimmt nichts zu tun haben (auch das weiß man nicht so genau), und doch verbindet diesen Mann eine Leidenschaft mit den Führern der Weltmacht USA – Fidel Castro ist ein leidenschaftlicher Coke-Trinker. Die Moral von der Geschicht: Auch kleine Flaschen können völkerverbindend sein.

Auch J. F. K. trinkt Coke

WERBUNG
MAKES THE COKE
GO AROUND

Kein Dorf in Afrika, keine Eskimohütte, kein noch so entlegenes Kaff im letzten Winkel dieser Erde, in dem nicht irgendwo ein Cola-Schild für die erfrischende Pause wirbt oder wo man nicht in einem verschlafenen Krämerladen neben verrosteten Nägeln und Obst und Gemüse der heimischen Landwirtschaft auch eine Coca-Cola kaufen kann − eisgekühlt, versteht sich.

Coca-Cola ist das am intensivsten beworbene Konsumgut der Welt. 600 bis 700 Millionen Dollar (zirka 1,8 Milliarden Mark) gibt die Company jährlich für die Werbung ihrer Produkte aus. In 155 Staaten (in der UNO sind 159 vertreten) unserer Erde kann man Coca-Cola kaufen. Die Welt ist Coca-kolonialisiert! Der Big Boss der Company, Robert Woodruff, der über dreißig Jahre lang unumschränkter Herrscher des Coke-Imperiums war, behauptete einmal: »Coke ist schneller verfügbar als Wasser!« In etlichen Teilen unseres Globus dürfte er damit wohl recht haben. Damit das so bleibt, dafür, das Coca-Cola in vielen Ländern der Erde als ein Synonym für jede Art von Getränken steht (außer alkoholischen natürlich), dafür stellen die Bosse in Atlanta diese unvorstellbare Geldsumme zur Verfügung, um die erfrischende Heilsbotschaft von Coke um den Erdball und seit neuester Zeit auch in den Weltraum zu tragen. Coca-Cola hat einen Exklusivvertrag mit der NASA, der

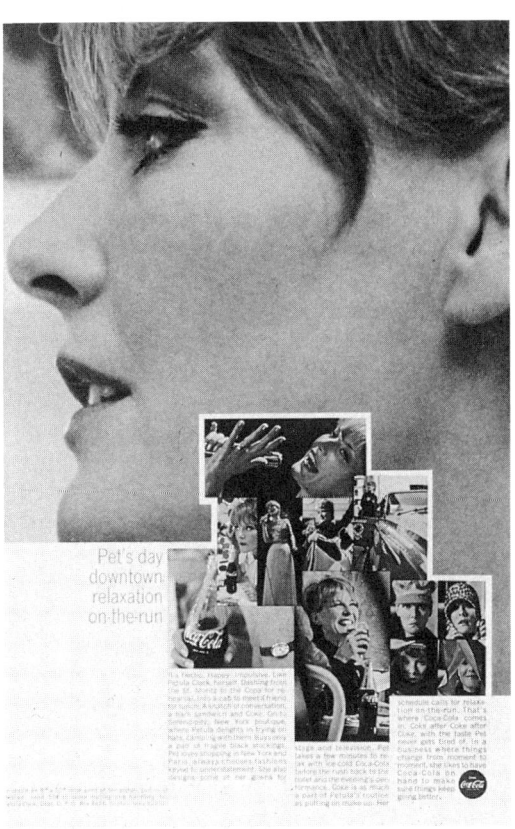

Petula Clark
wirbt
für Coke
(1967)

US-Weltraumbehörde, der besagt, daß Astronauten bei ihren Space-Ausflügen ihren Durst mit Coke löschen müssen. Dafür entwickelte Coca-Cola eine spezielle Space-Dose mit Millionen-Dollar-Aufwand.

Doch nicht die tollkühnen Männer in ihren Raketen sind die eigentliche Zielgruppe der Werbefachleute aus Georgia. Auch wird nicht der wettergegerbte Cowboy oder der brave Familienvater mit dem irren Werbeaufwand angesprochen. Eigentliche Zielgruppe der Werbestrategen sind die Frauen. Das hat Tradition im Coke-Konzern. Schon 1890 wurde ein Viertel der gesamten Einnahmen des damals noch in den Kinderschuhen steckenden Konzerns in die Werbung gesteckt. Jeder Medienwissenschaftler würde sich darüber heute die Haare raufen. Aber mit diesem massiven Einsatz konnte damals der Umsatz verzehnfacht werden. Und schon damals wurden hauptsächlich die Frauen angesprochen. Frauen naschen gern, und damit waren sie für den süßen Stoff besonders empfänglich. Mit einem Glas Coke in der Hand konnte man sich auf jeder Party sehen lassen, und niemand konnte feststellen, ob da nicht ein kleiner Schuß in dem braunen Saft war. Coke vermittelte das Image von progressiv, sportlich und erfolgreich. Auch damit konnten und wollten sich die Frauen identifizieren. Besonders als die großen Emanzipationsbewegungen in

James Garner
macht
mal Pause

1980

unserem Jahrhundert losgingen wie das Getränk Coca-Cola, mit dem Frauen ihre Unabhängigkeit symbolisieren konnten.

Als dann die Diätwelle ausbrach, als die Frauen figur- und gesundheitsbewußt wurden, als fit sein, besonders in Amerika, zur Religion erhoben wurde, hatten die Coke-Strategen erst einmal Schwierigkeiten. Geantwortet wurde mit der Diet Coke (in Deutschland Coke Light). Damit konnte man auch diesen Trend auffangen und, wichtiger noch, den Umsatz für die Company steigern.

Wichtigstes Argument aber, warum die Frauen als Zielgruppe Nummer eins der Coke-Werbebosse gelten: Sie sind es, die den Kindern nach der Schule zum Durstlöschen eine Cola hinstellen. Sie servieren dem abgeschlafften Ehemann, der müde von der Arbeit nach Hause kommt, den prickelnden Drink, der die Lebensgeister wieder frischwärts bringt. Immer haben es die Werbespezialisten in Atlanta verstanden, die *Frau der Zeit* im Umfeld ihrer Gesellschaft anzusprechen. Collegegirls, Hausfrauen, Mütter, Sportlerinnen, Strandbeauties und Geschäftsfrauen — Frauen also, mit denen man sich identifizieren konnte. Um die Jahrhundertwende war es der Opernstar Lillian Nordica, der in eleganter Abendrobe, mit Federfächer, für Coke die Werbetrommel rührte. Dann waren es Salondamen, dann Filmschauspielerinnen, und dann war es die bekannte Sportlerin. Immer aber waren es Frauen, die ihren Mann standen. Unter anderen hat auch das Hollywood-Sternchen Nancy 1952 für Coca-Cola geworben. Nancy macht heute Schlagzeilen als die Frau des amerikanischen Präsidenten Ronald Reagan. Nancy ist da in guter Gesellschaft. Joan Crawford warb für Coke. Jean Harlow, Maureen O'Sullivan und Raquel Welch haben sich ihr Taschengeld mit Coke reichlich aufgebessert.

Natürlich wurden nicht nur Frauen in den Werbekampagnen dem Publikum als Vorbilder dargestellt. Fast alle amerikanischen Präsidenten warben, vielleicht auch inoffiziell, für die Pause, die erfrischt. Und natürlich sorgten die harten Kerle aus der Filmindustrie für das Image von Coca-Cola. Diese Typen, mit denen man sich so gerne gleichstellte, die das verkörperten, was die meisten von uns nur in ihren Träumen ›verwirklichen‹ konnten, das waren und sind die Sendboten von Coca-Cola. Da ist Burt Lancaster ebenso vertreten wie Paul Newman oder Steve McQueen – und im Sport, um nur ein Beispiel zu nennen, Boris Becker.

Die Coca-Cola Company hatte immer einen untrüglichen Spürsinn dafür, welcher Typ gerade dem Zeitgeschmack entsprach und welche Berühmtheit bei welcher Altersgruppe besonders gut ankam. Wohl kaum einer dieser Stars hat jemals einem Werbeangebot von Coke widerstehen können. Da wird nicht mit Kleingeld gehandelt.

Ein anderes, wichtiges Betätigungsfeld der Werbefachleute ist die Musikbranche. Selbst Discjockeys standen (stehen?) bei Coca-Cola unter Vertrag, um den Leuten in der Tanzpause klarzumachen, sich jetzt mal zur Erfrischung eine Coke reinzuziehen. Selbst die Beatles warben, 1964, für Coca-Cola. Ein Foto aus jener Zeit zeigt die vier Pilzköpfe, damals noch adrett mit Krawatte und Pepita-Anzug, wie sie glücklich strahlend an ihrer Coke nuckeln. Dabei schütteten sie sich den Stoff nicht mit der Flasche in den Hals, nein, die wilden Vier saugten sich die Coke artig mit dem Strohhalm in den Magen. Nie zu weit gehen. Nie provokant oder gar zu lässig in der Werbung auftreten, das ist ein Grundsatz der Werbebosse in Atlanta. Ein Mädel mit offener Bluse – für eine Coca-Cola-Werbung undenkbar. Einen nackten Männerhintern oder einen zerschlissenen Punker wird es auf einer Coke-Werbung nie geben. Sauber, anständig, frisch und strahlend – so

Coca-Cola im Kino: Richard Dreyfuss und Amy Irving

muß der Coke-Typ aussehen. Und wenn schon was Flippiges gefragt ist, wie seit neuestem für das neue Übergetränk, Cherry Coke, dann wird der neue Wahnsinn der Soft Drinks mit grellen Farben vermittelt, aber nicht mit geilen Hasen.

1938 wurden Regeln für die Coca-Cola-Werbung aufgestellt, die auch heute noch Gültigkeit haben. Da heißt es: Junge Mädchen und Frauen sollten gesund aussehen, nicht intellektuell. Das gleiche gilt auch für die männlichen Wesen. Alte Leute und Kinder unter sechs Jahren dürfen nur in Ausnahmefällen gezeigt werden.

1926

Die Kleidung, inklusive Hüte, soll zwar stets die aktuelle Mode darstellen, aber nie zu extrem sein. Diesen Regeln entsprechend glichen sich die Plakate, die Radio- und TV-Spots und die Videos immer dem Zeitgeschmack an – mit einer gehörigen Portion Understatement.

Auf dem Musiksektor haben sich die beiden großen Erzrivalen der Soft-Drink-Branche, Coca-Cola und Pepsi-Cola, einen neuen Krieg erklärt. Pepsi hat das Rockidol Michael Jackson für 40 Millionen Mark unter Vertrag genommen, damit er die amerikanische Jugend von den Vorzügen des Pepsi-Saftes überzeugt. Für den europäischen Markt übernimmt die dynamische Rock-Oma Tina Turner diesen Part, für bestimmt nicht weniger Geld. Die Antwort der Cola-Bosse ist, für die ältere Generation und besonders für

THROUGH ALL THE YEARS
SINCE 1886

And still the delight of
those who first enjoyed its
purity and wholesomeness

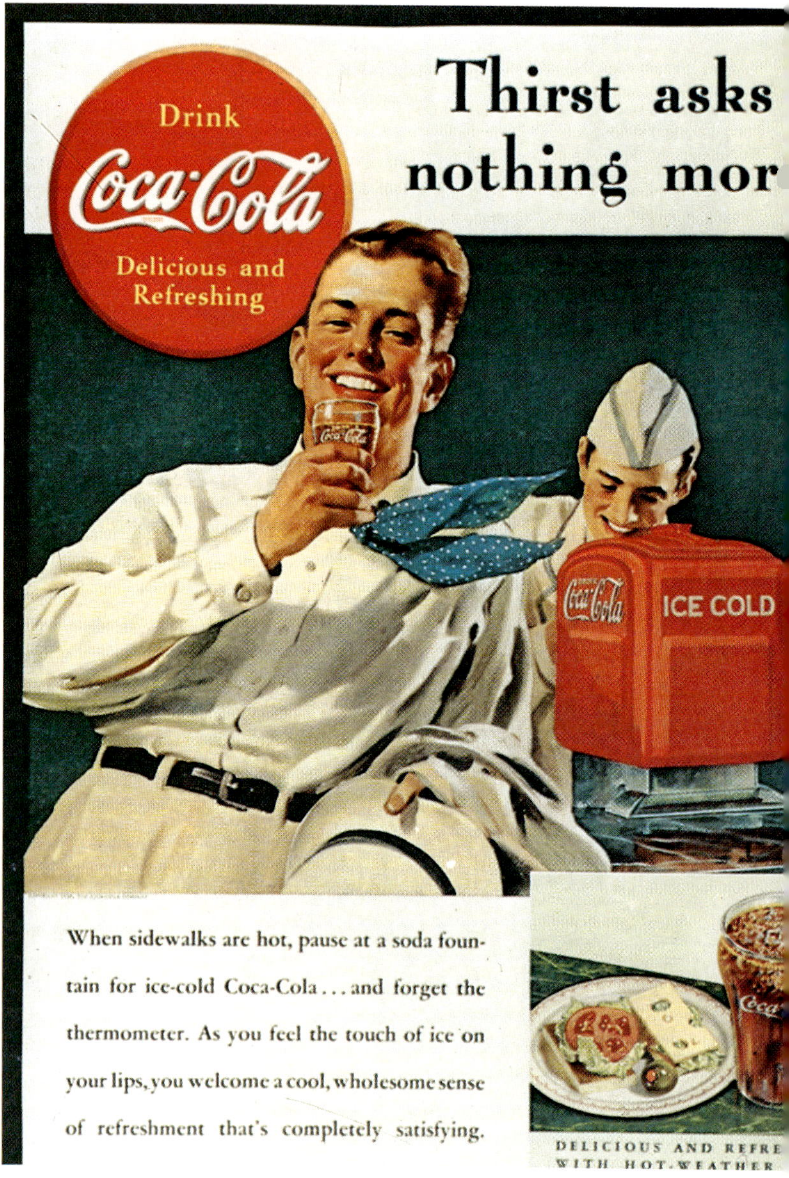
Thirst asks
nothing mor
Drink
Coca-Cola
Delicious and
Refreshing
Coca-Cola
Coca-Cola
ICE COLD
When sidewalks are hot, pause at a soda fountain for ice-cold Coca-Cola . . . and forget the thermometer. As you feel the touch of ice on your lips, you welcome a cool, wholesome sense of refreshment that's completely satisfying.
Coca
DELICIOUS AND REFRE
WITH HOT-WEATHER

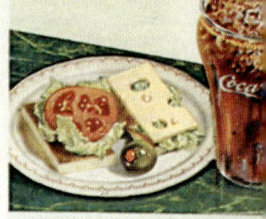

den spanisch sprechenden Markt, Julio Iglesias. Für schlappe 18 Millionen Dollar (so ziemlich die gleiche Summe, die Mr. Jackson einstreicht) stellt er sich für drei Jahre dem Konzern zur Verfügung. Die jüngere Generation soll die strahlende Whitney Houston bei der Coca-Cola-Stange halten.

Iglesias paßt genau ins Bild der Coke-Werbung. Er ist ein Strahlemann, und die Frauen flippen bei seinen schnulzigen Schlagern reihenweise aus. Die etwas ältere Generation wohlgemerkt, und so soll der Spanier denn auch hauptsächlich für die Diät-Cokes werben. Er spricht also genau die Zielgruppe an, die in einem Alter ist, das panisch jedes Gramm Fett auf der morgendlichen Waage registriert. Ob nun allerdings Michael Jackson den Pepsi-Drink richtig rüberbringt, ist zu bezweifeln. Michael trinkt weder Alkohol noch Pepsi, höchstens mal ein abgestandenes, lauwarmes Schlückchen Wasser. Er ist unsportlich, publicityscheu und eigentlich ziemlich out. Da ist die Röhre Tina Turner schon viel besser. Die schafft sich bei ihren Auftritten voll rein, und der nimmt man es ab, daß sie nach einer Show wirklich einen Frischwärts-Trunk braucht – und sei es denn Pepsi. Julio gegen Tina, Whitney gegen Michael – tja, da fällt die Wahl des Pause-Getränkes schwer. Wenn da nicht diese Flasche wäre, die mit den herrlichen, runden weiblichen Formen. Scheiße, Coke is it!

1938

AMERIKANISCHE
WERBESPRÜCHE

1898 – Cures Headache. Delicious and Refreshing

1910 – Happy Days Drink Coca-Cola

1927 – Around the Corner from Anywhere

1932 – Ice-cold Sunshine
Thirst Come, Thirst Serve

1938 – The Best Friend Thirst Ever Had

1939 – Whoever You Are, Whatever You do,
Wherever You May be,
When You Think of Refreshment,
Think of Ice-Cold Coca-Cola

1941 – Work Refreshed

1942 – The Only Thing Like Coca-Cola Is
Coca-Cola Itself. It's the Real Thing

1949 – Coca-Cola… Along the Highway
to Anywhere

1952 – What You Want Is a Coke

1955 – Bright and Bracing as Sunshine

1956 – Coca-Cola... Makes Good Things
Taste Better

1957 – Sign of Good Taste

1958 – The Cold, Crisp Taste of Coke

1963 – Things Go Better with Coke

1970 – It's the Real Thing

1971 – I'd Like to Buy the World a Coke

1976 – Coke Adds Life...

1982 – Coke Is It

1986 – Catch the Wave
– Red, White & You

FRAGEN
AN COCA-COLA (1)

Thomas E. Gray, Manager für Media &
Communications bei Coca-Cola, über
Werbung, New Coke und den ständigen
Wettstreit mit dem Erzrivalen Pepsi.

Waren die Einführung des neuen
Coke und die Wiedereinführung von
Coca-Cola Classic ein gigantischer
Werbefeldzug, oder hat sich die
Company in ihren Kunden getäuscht?

Als wir das neue Coke einführten, glaubten wir, ein Produkt zu haben, das der
Verbraucher unterstützen würde. Wir
waren der Meinung, New Coke wäre das
neue Coca-Cola. Wir zogen aber nicht die
emotionale Bindung vieler Kunden zum
originalen Coca-Cola in Betracht. Wir
fanden dann sehr schnell heraus, daß die
Verbraucher kein neues Produkt akzep-
tieren wollten, wenn sie dafür auf das
alte verzichten mußten. Also entschlossen wir uns, das alten Produkt unter dem
Namen Coca-Cola Classic wieder heraus-
zubringen. Wir haben aber auch neue

Kunden gefunden, die das neue Coke dem alten vorziehen. Unser Marktanteil ist größer als je zuvor. Das neue Coke fand Kunden, und Coke Classic ist stärker als je zuvor. Die Sache war nicht so geplant, nahm aber eine glückliche Entwicklung für uns.

Wird es auch in Europa New Coke geben?

Nein, das neue Coke gibt es nur in den USA und Kanada. Es gibt einen Markt für das neue Coke, und wir glauben, daß er noch wächst. Vor sechs Wochen hatte New Coke ja noch nicht mal seine eigene Werbekampagne. New Coke und Classic wurden mit denselben Slogans verkauft.

Thomas E. Gray

Warum sind Dosen in den USA
mehr gefragt als in Europa?

Vielleicht liegt es an den Kühltaschen,
die wir Amerikaner ständig mit herum-
schleppen, an den Picknicks, am Lebensstil, an der Reiselust. Der Einführung
einer Verpackung gehen immer ausge-
dehnte Studien voraus, und das Ergebnis
muß nicht immer für alle Länder zutref-
fen.

Beeinflußt die Dose den Geschmack?

Das muß jeder für sich entscheiden. Ich
habe beides schon gehört. Der eine
meint, die Dose beeinträchtige den
Geschmack, der andere sagt das Gegenteil.

Sind die Werbefilme überall auf
der Welt dieselben?

Im allgemeinen versuchen wir, überall
auf der Welt dieselben Werbefilme ein-
zusetzen. Zumindest praktizieren wir
das, was man hier in den USA *pattern
advertising* nennt. Vor einigen Jahren
hatten wir hier in Amerika einen sehr
bekannten Footballspieler namens Joe
Green. In einem Commercial bietet ein
junger Fan dem Star eine Flasche Coke
nach dem Spiel an. Der Footballspieler
trinkt die Coke und wirft dem jungen
Fan sein Jersey zu. In den anderen
Ländern der Erde kennt man Joe Green

kaum, deshalb haben wir ihn zum Beispiel durch einen bekannten Fußballspieler wie Maradona ersetzt. Mit dem können sich die Fans in einem anderen Land besser identifizieren. Und dann gibt es zum Beispiel die Strandszenen,
1958 die nur synchronisiert werden müssen.

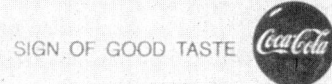

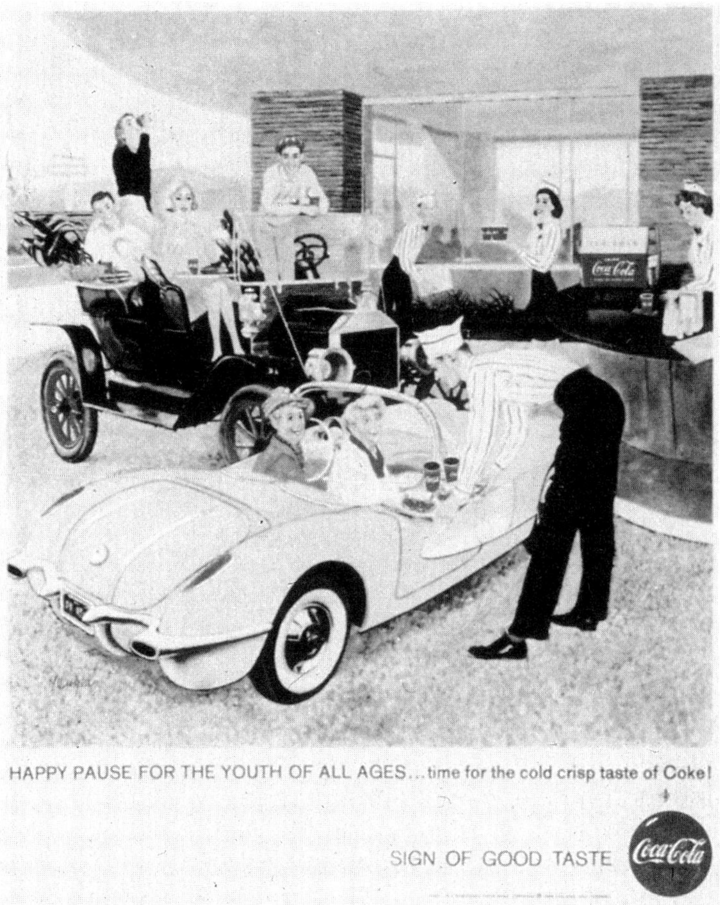
HAPPY PAUSE FOR THE YOUTH OF ALL AGES... time for the cold crisp taste of Coke!
SIGN OF GOOD TASTE
Coca-Cola

In den USA ist auch vergleichende Werbung möglich...

Pocket-Kamera im Coke-Design

Wir sind in 155 Ländern vertreten, und wir müssen uns natürlich nach den Gepflogenheiten in jedem einzelnen Land richten. Was in einem Land üblich ist, kann in einem anderen verboten sein.

Sie haben Boris Becker verpflichtet.

Das geschah während der French Open. Er wurde für einen Zeitraum von drei Jahren unter Vertrag genommen. Er soll unsere Company dem Publikum gegenüber vertreten. Er ist sehr populär, hat eine positive Ausstrahlung, und er ist ein exzellenter Spieler.

*Bekämpfen Sie PepsiCo,
also Pepsi-Cola?*

Wir bekämpfen überhaupt niemanden. Wir versuchen lediglich, unsere führende Stellung auf dem Limonadenmarkt zu behaupten. Wir führen hier in den USA und auf der gesamten Welt mit beträchtlichem Abstand und haben es nicht nötig, auf irgend jemanden zu reagieren oder ihn gar zu kopieren. Wir tun unser Bestes, um unsere Kunden zufriedenzustellen.

Werden Sie Dr. Pepper kaufen?

Coke-Reklame

Washington hat uns vorerst einmal verboten, die Soft-Drink-Marke Dr. Pepper zu kaufen. Man ist der Meinung, der Markt werde dann von einigen wenigen Konzernen kontrolliert. Wir sind anderer Meinung, aber jetzt steckt erst mal alles in der bürokratischen Mühle fest. Außerdem wollen einige Konkurrenten die Angelegenheit vor Gericht entschieden wissen. Wir sind immer noch daran interessiert, Dr. Pepper zu kaufen, aber es wird wohl noch einige Monate dauern, bis alles entschieden ist.

*Und PepsiCo darf Seven Up auch
nicht kaufen?*

Da liegt der Fall anders. Philip Morris, der Eigentümer von Seven Up, hat sein Angebot zurückgezogen.

DAS GETRÄNK
DER SIEGER

Er ist die Idealfigur. Es gab keinen Bes-
seren für die Werbemanager des welt-
umspannenden Coca-Cola Konzerns. Er
hätte von ihnen erfunden sein können.
Das Idol einer jungen, dynamischen,
erfolgs- und karriereorientierten Generation. Gemeint ist der deutsche Sonny-
boy, der Supersportler Boris Becker. Er
paßt genau in die Vorstellung der Coca-
Cola-Macher. Groß, blond, von allen
geliebt. Er ist ein Sieger. Er liebt Mutti
und Vati. Er ist Repräsentant der Unicef

Coke-Kanu

Olympischer
Coke-Becher
(1984)

und sorgt für die armen Kinder, weltweit natürlich. Er ist verschmitzt und läßt sich in letzter Zeit selbst von seinem Manager Tiriac nicht mehr die Butter vom Brot nehmen.

Seit 2. Juni 1986 hat der Coca-Cola-Konzern *unseren* Boris unter Vertrag. »Ich bin außerordentlich glücklich über diese Verbindung mit einer großen Gesellschaft – der Coca-Cola Company«, sagte Herr Becker in Paris. »Ich trinke Coca-Cola seit Jahren gern und bin begeistert darüber, die Produkte dieser Gesellschaft zu promoten.« Ja, das hat das deutsche Tennis-As gesagt. Und wer hätte diese netten Worte nicht gesprochen, wenn man weiß, daß einem dies in etlichen Millionen Dollar auf dem Konto gutgeschrieben wird.

Coke, Sport und Werbung – eine Liaison, die seit den Gründerjahren mit unglaublichem Erfolg konsequent durchgezogen wird. Ob Rennfahrer, Golfer oder Boxer, ob Segler, Surfer oder Reitersmann, welche Sportart man auch anspricht, überall ist Coca-Cola vertreten, um in der wohlverdienten Ruhepause die Erfrischung zu liefern, die den Sieger macht. Boris wischt sich den Schweiß in der Pause mit einem Handtuch ab, das selbstverständlich mit dem Logo der Coca-Cola Company verziert ist. Und bevor er den Platz zum nächsten Aufschlag betritt, nimmt er schnell noch einen langen Schluck aus einem Coca-Cola-Pappbecher, für jede TV-Kamera sichtbar. Muhammad Ali hat für die rot-weiße Marke geworben, und der Lieb-lingssport der Amerikaner, Baseball, ist ohne Coke nicht denkbar. Man streitet sich darüber, ob es in diesem Sport jemals einen Klassespieler seit 1886 gegeben hat, der nicht auf der Lohnliste der Werbespezialisten der Company in Atlanta gewesen ist.

Traditionell vertreten ist Coca-Cola während der Olympischen Spiele. Selbst bei den Spielen 1936 in Berlin konnte sich der schwarze Ausnahmeathlet Jesse Owens, der das Weltbild des Hitler-regimes erschütterte, mit Coke für die nächste Medaille erfrischen.

Look for the best. Look for the real thing. Coke. Das offizielle Erfrischungs-getränk während der Olympischen Spiele in Los Angeles hieß natürlich eben-falls Coca-Cola, das kostete allerdings die Kleinigkeit von 50 Millionen Dollar. Diese inhaltliche Gleichstellung mit dem Besten und dem einzig Wahren, nämlich Coke, ist ein Werbespruch, der sehr viele Sportveranstaltungen in der Welt schmückte. Diesen Spruch, daß das Beste eigentlich nur Coke sein kann, hat sich ein anderer deutscher Sportler schon frühzeitig zu Herzen genommen. Max Schmeling. Das wohl einzige Boxidol der Deutschen versetzt die Hamburger seit 1957 mit Produkten aus seiner Coca-Cola-Abfüllfabrik in den Cola-Rausch. Viel-leicht wird sich Boris Becker damit später auch einmal sein Alter versüßen.

Coke's
Fußball-WM
Sponsor Truck

Auf der
Siegerstraße:
Argentinien
und Coke
(Fußball-WM,
Mexiko 1986)

COCA-COLA
IN DER DOSE

Der Kenner trinkt Coca-Cola nur aus der Sechseinhalb-Unzen-Flasche — vier Grad Celsius oder siebenunddreißig Grad Fahrenheit sollte der braune Saft kalt sein. Familienflasche? Na ja. Im Glas aus dem Container? Um Gottes willen. Dosen? Was für Banausen, die Coke nur gegen den Durst trinken und nicht das richtige Feeling dabei entwickeln wollen. »Ich weiß nicht, ob ich mir das einbilde«, erzählte mir ein Mitglied des Cola-Clans, »aber aus der Dose schmeckt Coke anders, irgendwie blechern.«

Sollten Millionen von Amerikanern zu Banausen geworden sein? Fast könnte man es glauben, wenn man sich die Picknickplätze und Müllkippen im Land der unbegrenzten Möglichkeiten anschaut. Coca-Cola-Dosen, wohin das Auge blickt. Leuchtende rote Flecke in der Landschaft. Nirgendwo sonst auf der Welt werden so viele Coke-Dosen geöffnet wie in den USA. Die Dinger rutschen ratternd aus Automaten und werden im Supermarkt und an der Tankstelle im berühmten Sechserpack und einzeln

Gruppenbild
mit Dose

angeboten. So wie Bier. Bei uns in Europa ist das ganz anders, da schwört man immer noch auf die Flasche und läßt die Dose mehr oder weniger links liegen.

Warum das so ist, konnten mir nicht mal die hohen Herren in Atlanta erklären. Ein Angestellter erklärte: »Vielleicht liegt es daran, daß wir so gerne Picknicks im Grünen veranstalten. In einer Kühltasche läßt sich so 'ne Dose viel besser transportieren.« Und eine Lady meinte: »Wahrscheinlich, weil wir so viel Auto fahren. Ne Dose läßt sich leichter am Steuer halten.« Die meisten aber sagten lediglich: »Keine Ahnung, warum das so ist. Ne blöde Angewohnheit, anders kann ich das nicht erklären.«

Die ersten Dosen

Die ersten Coca-Cola-Dosen wurden bereits vor dem Eintritt der Amerikaner in den Zweiten Weltkrieg getestet. Zwischen 1940 und 1942 wurden klobige Blechdosen auf einen kleinen Testmarkt geworfen, nach kurzer Zeit aber wieder zurückgezogen. Kein Wunder. Die Dinger sahen lange nicht so attraktiv aus wie heute, hatten einen Kronenkorken als Verschluß und waren viel zu groß für den täglichen Gebrauch. Das änderte sich 1960, als man mit der auch heute üblichen Zwölf-Unzen-Dose auf den Markt kam und gleich einen tollen Erfolg verbuchen konnte. Amerika war reif für die Dose. Und die sah auch schon ganz passabel aus. Rot natürlich und auf einem weißen diamantförmigen Feld das Coca-Cola-Markenzeichen. 1963 änderte man das Design, auf dem weißen Feld waren nun auch noch die Umrisse einer Flasche zu sehen. 1966 wurde die Dose mit einem rot-weißen Rautenmuster überzogen – auf den weißen Feldern stand Coca-Cola in roter und auf den roten Feldern Coke in weißer Schrift. Ihr noch heute gültiges Gesicht bekam die Dose im Jahr 1970, jetzt schmückten die beiden Schriftzüge Coca-Cola und Coke und weiße Wellenlinien den knallroten Untergrund.

1939

Experimentiert wurde auch mit dem Öffnungsmechanismus der Cola-Dose. Während man bei uns noch immer eine Lasche abziehen muß, hat man in den USA längst ein neues Verfahren entwik-

oca-Cola goes along...for
the pause that refreshes

Ice-cold Coca-Cola *looks refreshing*
...*feels refreshing*...*is refreshing.*

When you're out for an outing

you're in for a good time, but

a thirsty one. Make it perfect

with plenty of ice-cold Coca-Cola

for *the pause that refreshes.* So

don't forget a six-bottle carton

or two of Coca-Cola. The carton

is easy to buy...easy to take along.

THE SIX-BOTTLE CARTON

Thru 50 years...1886 to 1936
The pause that refreshes

Fashions in clothes change. But human thirst is always the same. Since the first ice-cold Coca-Cola made a *pause refreshing* in 1886, its fame has spread.... from city to city...country-to-country...around the world...welcome everywhere, because ice-cold Coca-Cola is what refreshment ought to be...*pure...wholesome...delicious*

ICE-COLD EVERY DAY
IN THE YEAR
5¢

kelt. Dort wird die Lasche erst herausgezogen und dann nach innen gedrückt, um zu vermeiden, daß die Straßen und Wiesen mit den scharfkantigen Blechlaschen übersät sind. »Auch wir haben natürlich daran gedacht«, sagt Jörg Neikes von der Coca-Cola GmbH in Essen, »sind aber dann doch beim alten Verfahren geblieben. Die Mehrheit war der Meinung, es sei unhygienisch, die vielleicht verschmutzte Lasche in das Getränk zu schieben.«

1948

So oder so — den Umweltschützern ist jede Dose ein Dorn im Auge, die rote Dose sogar zum Symbol für die Verschmutzung der Umwelt geworden. Das ließ die kreativen Köpfe in Atlanta natürlich nicht ruhen. Viele Jahre lang experimentierten sie zusammen mit der Society of the Plastics Industry, der Plastic Recycling Foundation und dem Plastic Recycling Institute an der Rutgers University mit wiederverwendbaren Plastikmaterialien, und nachdem ein Verbrauchertest bereits positiv ausgefallen ist, sieht alles danach aus, als würde die allseits bekannte Blechdose bald von der Plastikdose abgelöst werden. Es wurden sogar schon Automaten vorgestellt, in die man die leeren Plastikdosen wie in einen Papierkorb werfen kann.

Aber was kümmert das die Fans und Freaks. Die trinken ihre Coke, wie gesagt, nur aus der Sechseinhalb-Unzen-Flasche, auch wenn das legendäre Ding kaum noch zu bekommen ist.

1936

ATLANTA – DIE WELTSTADT MIT SÜDSTAATEN-CHARME

Diese Stadt swingt. *Music is in the air*. Schwarze tragen Ungetüme von Kofferradios auf ihren Schultern und schlendern mit leichtem Hüftschwung nach den Rhythmen der Soul Music die Peachtree Street runter. Auf der Hauptstraße der Zweieinhalb-Millionen-Stadt Atlanta beherrschen die Schwarzen das Stadtbild. Sie geben dieser Stadt Farbe, Leichtigkeit und bremsen die Hektik einer modernen Großstadt ein wenig. Eilig sollte man es in *der schwarzen Hauptstadt der USA* nicht haben. Wer Atlanta besucht, sollte sich an Gemächlichkeit gewöhnen. In den Südstaaten der USA hat man noch Zeit, ein kleines Schwätzchen zu führen, mit dem Polizisten zu plaudern, im Drugstore um die Ecke über das Wetter und die letzten Angelerfolge im nahegelegenen Chattahoochee River zu prahlen. Trotz modernster Wolkenkratzer – Atlanta hat sich ein Flair bewahrt, typisch für den tiefen Süden der Vereinigten Staaten.

Die Geschichte dieser Stadt begann wie die fast aller amerikanischen Städte. Zuerst war dort ein Handelsplatz der Indianer, die nicht nur untereinander, sondern auch mit den weißen Trappern und Fallenstellern einen intensiven Warenaustausch betrieben. *Standing Peachtree* nannten die Indianer diesen Handelsplatz, der am Anfang des 19. Jahrhunderts die Größe eines Dorfes erreichte. Recht ungewöhnlich für die damalige Zeit. Als dann 1813 die Eisenbahn in die Gegend kam, war es mit dem Frieden vorbei. General Assembly errichtete das Fort Peachtree, um den Handel in die nördlichen Gebiete zu sichern. Einen Nachbau dieses Forts kann man heute in Atlanta in der Ridgewood Road besuchen.

Atlanta Skyline

Fort Peachtree wuchs langsam. Fast dreißig Jahre dauerte es, bis rund 200 Leute um das Fort herum siedelten. Inzwischen hatte man sich dazu entschlossen, dem Fleck in der Wildnis einen anderen Namen zu geben. Marthasville wurde das Fleckchen jetzt von den Einwohnern genannt. Dies aber war dann zu provinziell, und man entschloß sich, im Jahr 1845 die ›Stadt‹ in Atlanta umzubenennen. Atlanta erlebte in den folgenden Jahren einen ungeheuren Aufschwung. Baumwolle war die Haupteinnahmequelle. Dieser Aufschwung wurde dann durch den großen Krieg beendet, den einzigen, den Amerika je auf eigenem

Boden erlebte. Der Bürgerkrieg spaltete das Land in zwei Teile. General William Tecumseh Sherman stürmte Atlanta mit seinen Unionstruppen. Allerdings brauchte er eineinhalb Monate, um den Widerstand der Konföderierten brechen zu können. Sherman brannte die Stadt bis auf die Grundmauern nieder. Das war im September 1864. Vernichten aber konnte der General nur die Mauern. Den Lebenswillen der Südstaatler konnte er nicht brechen. Im Gegenteil. Atlanta erlebte danach einen wahren Boom. Vier Eisenbahnstrecken endeten oder kreuzten diese Stadt. Damit kamen Geld und — was noch weit wichtiger war zu jener Zeit — Menschen in die Gegend. 1867, nachdem Atlanta zur Hauptstadt des Staates Georgia gewählt worden war (vorher war es Milledgeville), erreichte die Bevölkerungszahl die stolze Summe von zehntausend Einwohnern. Schon damals beruhte der wirtschaftliche Erfolg der Baumwollbarone und Baumwollindustrie nicht unerheblich auf der Arbeitsleistung der schwarzen Bevölkerung. Doch nicht nur als Arbeitskräfte wurden die Schwarzen geschätzt. Sie wurden als gleichberechtigte Geschäftspartner betrachtet. 1870 gab es in Atlanta zwei Universitäten. Eine davon für die schwarzen Studenten!

Gegen Ende des vorigen Jahrhunderts gab sich Atlanta dann endgültig das Gesicht einer Metropole. Die Straßen wurden gepflastert. Elektrizität wurde installiert, und die ersten Telefonanschlüsse erstaunten die Bevölkerung. Und zu dieser Zeit wurde auch in einem Hinterhof der Coke-Saft erfunden. Das Getränk, *das die Zähne weiß macht, den Mund wäscht, das Zahnfleisch härtet und gegen Kopfschmerzen hilft.* Coca-Cola konnte man in Jacob's Pharmacy für fünf Cents das Glas kaufen.

Die Stellung als Verkehrsknotenpunkt Nummer eins – Atlanta hat heute den größten Flughafen der USA und nach Chicago das zweitgrößte Passagieraufkommen – bauten die Stadtväter 1929 aus. In dieser Zeit entstand der erste Flughafen. In diesem Jahr wurden sechzehn Passagier- und Postflieger an einem Tag abgefertigt.

Was aber wäre Atlanta, trotz der großen wirtschaftlichen Potenz, der herrlichen Lage in den grünen Hügeln um den Chattahoochee River, ohne die beiden großen Persönlichkeiten, die diese Stadt weltberühmt gemacht haben. Da ist einmal Martin Luther King, Jr. Sein Geburtshaus steht in der Auburn Avenue 501. 1964 überreichte man ihm, im Alter von 35 Jahren, den Nobelpreis für seine Bemühungen um den Frieden. 1968 wurde Martin Luther King, Jr. in Memphis TN. ermordet. 200000 Menschen gaben ihm in Atlanta das letzte Geleit.

Wer kennt nicht den Film *Vom Winde verweht*, das große Epos des amerikanischen Bürgerkrieges. Das Buch zu diesem Film schrieb die weltberühmte Schriftstellerin Margaret Mitchell im Jahr 1936. Zehn Jahre arbeitete sie an diesem Roman. Margaret Mitchell war in Atlanta als Reporterin für die *Atlanta Constitution* tätig. Für ihren Roman *Vom Winde verweht* erhielt sie den Pulitzer Price.

Atlanta, diese Millionenstadt mit dem Flair von Gemütlichkeit und Lebensgenuß, hat heute mit einem anderen Superlativ aufzuwarten. *Marta* ist der schlichte Name für eines der besten öffentlichen Transportsysteme der USA. Blitzsaubere, schnelle Untergrundbah-

Margaret
Mitchells
Grab

nen befördern den Gast dieser Stadt an fast jeden wichtigen Punkt. Atlanta ist eine der wenigen Großstädte der USA, in der man nicht unbedingt einen Mietwagen braucht. Für nur 60 Cents kann man die nahezu 2000 Meilen befahren, die dieses Verkehrssystem bedient. 25 verschiedene Stationen, bis hin zu entfernten Vororten, werden angefahren. Wer bei dem Wort U-Bahn etwa an New York denkt, sollte diese Vorstellung, geht es um Atlanta, vergessen. Diese U-Bahn hält jedem Vergleich mit den europäischen Verkehrssystemen stand. Nur wem schwindelig wird, kommt beim Fahren der Rolltreppen manchmal ganz schön ins Schwitzen. Ich habe nie längere und steilere Rolltreppen als die in Atlanta gesehen.

Das aber, was diese Stadt so angenehm macht, sind die Menschen. Der Südstaaten-Amerikaner ist für seine Gastfreundschaft bekannt. Anfangs zurückhaltend, vielleicht sogar etwas mißtrauisch, wird er bei näherem Kennenlernen versuchen, jeden Gast mit der großzügigen, traditionellen Gastfreundschaft dieser Region zu überwältigen. Und wie gesagt, Musik ist in der Luft. Das bezieht sich nicht nur auf die Soul- oder Rockmusik, die aus den transportablen Radios swingt. Die Sprache der Südstaaten ist ein permanenter Gesang, der es dem Besucher, der zum ersten Mal die USA besucht, allerdings etwas schwermacht, den breiten, langgezogenen Südstaaten-

In Atlanta dreht sich alles um Coke

Dialekt zu verstehen. Wer die Menschen kennenlernen will, trifft sie in den schönen Parks der Stadt oder in den vielen Restaurants, die übrigens ein hervorragendes Essen servieren. Und wer die große Vergangenheit der Südstaaten sehen will, sollte sich die alten, feudalen Herrensitze in der Umgebung der Stadt ansehen. Sie vermitteln noch heute den Eindruck des Lebensstils, den die unermeßlich reichen Baumwollbarone des letzten Jahrhunderts geführt haben.

Der Reichtum der Stadt zeigt sich heute in den glitzernden Wolkenkratzern der Bank- und Versicherungsgebäude, die sich entlang der Peachtree Street, der Hauptstraße Atlantas, aufgebaut haben. Und wenn man eine der schönsten Hotelhallen Amerikas sehen will, geht man ins Hyatt an der Peachtree Street. Sie werden beeindruckt sein. Peachtree – wer eine Straße dieses Namens in Atlanta sucht, hat die Auswahl unter über dreißig Straßen. Tja, was der Apfel für New York ist, das ist der Pfirsich für Atlanta.

Atlanta bei Nacht

107

7 × –
MAN MUSS EINEN MYTHOS AUFBAUEN

Wir dachten, so etwas wie Ehrfurcht würde uns überkommen. Ein Schauer der Bewunderung würde uns die Haare zu Berge stehen lassen. Zumindest glaubte ich, daß wir bei diesem bedeutsamen Ereignis in einen Flüsterton verfallen würden. Nichts dergleichen geschah. Nüchternheit war angesagt, als uns Mr. Willis Johnson, der PR-Manager der Trust Company Bank im Zentrum von Atlanta, in das zweite Untergeschoß seiner Bank führte. Dorthin, wo sich hinter einer dreizehn Tonnen schweren Stahltür der Tresorraum befindet, in dem die geheimnisvolle Formel 7 × liegt. Jene Formel, ein simples Stück Papier, auf welcher der weltweite Erfolg des Coca-Cola-Imperiums beruht.

Der Tresorraum wird von nackten Neonröhren erhellt, deren Licht sich in hochglanzpoliertem Stahl spiegelt, der Frontseite von einfachen Blechkästen, jeder mit einer Nummer versehen, in denen die Honorationen der Stadt ihre Schätze aufbewahren. Aktien, Bargeld

oder die kostbaren Klunker der Ehefrau-
en. Und in einem dieser schlichten Blech-
kasten, zu mieten für 40 Dollar im Jahr,
liegt die Geheimformel 7 ×.

Die genaue Nummer des Kastens, in
welchem das sakrale Papier der Coca-
Cola Company liegt, wollte uns Mr.
Johnson nicht nennen. »Das erlaubt«, so
erklärte er uns ob dieser frechen Bitte
ein wenig schockiert, »die Firmenpolitik
nicht. Ich weiß selber nicht genau, in
welchem der Blechkästen in diesem
Raum die Cola-Formel liegt.«

*In einem dieser
Schließfächer
liegt die
Zauberformel*

Kein Wunder, haben doch angeblich
nur wenige der obersten Coca-Cola-
Bosse die Formel jemals in der Hand
gehabt. Ohne einen Beschluß des gesamten Aufsichtsrates geht da gar nichts.

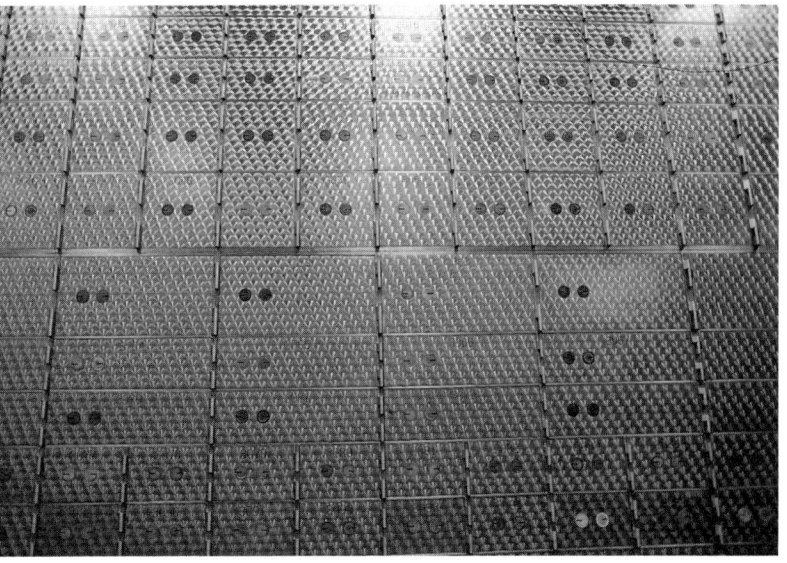

Und der muß einstimmig beschließen, wann, an welchem Tag, zu welcher Uhrzeit und wer die Heiligsprechung bekommt, die sagenumwobene Formel einmal wirklich in der Hand zu halten.

13 Tonnen Stahl sichern die Coke-Formel

Doch was besagt diese Formel, die in der Coca-Cola-Krypta der Trust Company Bank am Park Place Nr. 25 liegt? Ganz in der Nähe des Platzes übrigens, an dem der Krämerladen stand, in welchem vor hundert Jahren zum ersten Mal Coca-Cola verkauft wurde. Mit Sicherheit ist es eine der bestgehüteten Formeln Amerikas, um die sich ein Mythos gebildet hat, der mehr zum weltweiten Siegeszug der braunen Brause beigetragen hat als die Sicherheit der tonnenschweren Panzertür. Dabei ist seit langem bekannt, aus welchen Zutaten sich der Cola-Sirup zusammensetzt. Die amerikanische Zeitschrift *Fortune Magazine* behauptete einmal, Coca-Cola bestehe zu 99 Prozent aus Zucker und Wasser. Ganz so einfach hat es sich der Erfinder der Brause, der Apotheker John Styth Pemberton, nicht gemacht. Als er vor genau hundert Jahren in einer Bretterbude im Garten seines Hauses in Atlanta den Coke-Brei zusammenbraute, verwendete er dazu: Zucker, Kohlensäure, Säuremittel, Farbstoff, Karamel, etliche Gewürze, Koffein und, so will es die Geschichte, eine gute Prise Kokain. Sollte Kokain jemals im Sirup gewesen sein, so ist heute bestimmt nichts mehr davon drin. Ansonsten aber hat sich die Zusammensetzung kaum verändert. Aber auch wenn es der heutigen, modernen Chemie gelingt, die Zusammensetzung der Coca-Cola bis auf das letzte Atom zu bestimmen, was nützt es? Die beste chemische Analyse kommt nicht gegen einen Mythos an. Die zig Millionen Cola-Süchtigen, die sich täglich, weltweit, mit verklärten Augen den braunen Saft die Kehle runterschütten, wollen daran glauben, daß da noch immer ein Geheimnis in ihrem Gebräu ist. In ihrem Getränk, das für die Cola-Jünger längst zu einer Weltanschauung geworden ist, das für viele Amerikaner einen ähnlichen Stellenwert hat wie die Unabhängigkeitserklärung oder die Symbolik der Freiheitsstatue – die, welch wunderbare Fügung, im gleichen Jahr errichtet wurde, in dem der Kultsaft Coca-Cola erfunden wurde: im Jahr 1886.

FRAGEN
AN COCA-COLA (2)

Phil Mooney, Archivar und wandelndes
Lexikon bei Coca-Cola in Atlanta, spricht
über Werbung, Marketing und das Image
der Weltmarke Coca-Cola.

Wie sieht das Image von Coca-Cola aus?

Coca-Cola ist ein erstklassiges Produkt,
das niemals mit schlechtem Geschmack
beworben werden darf. Es muß auf
einem hohen Level angeboten werden.

Es ging mal das Gerücht um,
Coca-Cola enthalte Kokain.

Das war um die Jahrhundertwende. Eine
Zutat von Coca-Cola sind Coca-Blätter,
und die enthalten im rohen Zustand
Kokain. Bei frühen Studien, und damals
hatte man nicht die technischen Einrich-
tungen und Meßgeräte wie heute,
wurden winzige Partikel Kokain in Coca-
Cola gefunden. Sie wurden entfernt.
Heute kann ich definitiv sagen, daß Coca-
Cola auch nicht eine winzige Spur des

112

Phil Mooney Rauschgiftes enthält. Die Coca-Blätter werden so behandelt, daß nicht mal ein Hauch Kokain übrigbleibt. Mit der heutigen Technik kann man Coca-Cola in Millionen und Milliarden Teile zerlegen, und niemals wurde Kokain gefunden.

Coca-Cola hilft anscheinend bei Magenschmerzen. Warum?

Weil es auf einem dicken und süßen Sirup basiert, der wirkt wie Honig und beruhigt den Magen. Als Coca-Cola eingeführt wurde, bewarb man die *soft drinks* ganz anders, weil sie vornehmlich in Drugstores verkauft wurden. Also wurde auch ihre heilende und lindernde Wirkung herausgestellt. Daß Coca-Cola damals als schmerzlinderndes Mittel angepriesen wurde, war normal.

113

*Schmeckt Coke aus der originalen
Sechseinhalb-Unzen-Flasche anders als
aus einer Familienflasche?*

In einem unserer riesigen Gebäude
sitzen ausschließlich Mitarbeiter, die
dafür sorgen, daß die Qualität unseres
Produkts überall gleich ist. In einer Zwei-
Liter- und einer Sechseinhalb-Unzen-
Flasche ist dasselbe Getränk. Daß manche
Leute einen Unterschied feststellen
wollen, hat wohl hauptsächlich psycho-
logische Gründe. Eine kleine Flasche
öffnet man und trinkt sie zumeist in
einem Zug aus. Bei einer Zwei-Liter-
Flasche zum Beispiel ist das schon
schwieriger. Man schenkt sich wohl eher
ein Glas ein und stellt sie dann in den
Kühlschrank. Da kann natürlich Kohlensäure entweichen, die Frische leidet.
Aber es ist dasselbe Coca-Cola.

*Woher kommt eigentlich der
Name Coke?*

Von den Verbrauchern. Bereits um die
Jahrhundertwende gingen viele Leute in
einen Drugstore und verlangten eine
Coke, sie kürzten Coca-Cola ab. Wir
wehrten uns anfangs dagegen, gingen
1920 sogar vor Gericht, um sicherzustel-
len, daß Coke als Synonym für Coca-Cola
anerkannt wurde. Offiziell in Zeitungs-
und Magazinanzeigen verwendeten wir
Coke erst 1942. Drei Jahre später ließen
wir Coke als Markenzeichen schützen.

114

*Wie unterscheidet sich eigentlich
Pepsi von Coca-Cola?*

Ich bin kein Wissenschaftler, kann diese
Frage also nicht zufriedenstellend be-
antworten. Ich weiß nur, daß man den
Unterschied schmecken kann. Nur ein
Wissenschaftler kann sagen, inwieweit
sich die Zutaten unterscheiden.

*Auch in Deutschland warb mal ein
lustiger Junge mit einem Kronenkorken
auf dem Kopf für Coca-Cola...*

Das war Sprite, nach dem später auch
eines unserer anderen Getränke
benannt wurde. Sprite sollte mit den
Leuten kommunizieren. Er war ein lusti-
ges Wesen, wie aus einem Comic-Heft,
1965   und sprach die Leute direkt an.

*Welche Organisationen unterstützt
Coca-Cola?*

Unsere firmeneigene Coca-Cola Foundation unterstützt zahlreiche Aktivitäten in der Kunst, im Sport und vielen anderen Bereichen. Aber unsere Konzessionäre unternehmen auch viel in eigener Verantwortung. In Deutschland werden zum Beispiel kulturelle und sportliche Programme unterstützt, die nur in Deutschland ablaufen. Wir sagen gern, die Firma benimmt sich wie ein guter Bürger, hilft, wo sie kann.

*Der Export von Coca-Cola in Länder
der Dritten Welt wird oft hart kritisiert.
Was sagt die Company dazu?*

In jedem Land trifft man eine unterschiedliche Situation an. Unser Business basiert auf dem Franchise-System. Wir besitzen nur einen Teil der Abfüllanlagen, der Rest gehört unabhängigen Geschäftsleuten. In kommunistischen Ländern wie der UdSSR und China gehören die Anlagen sogar der Regierung. Unser System funktioniert in jeder politischen, sozialen und wirtschaftlichen Umgebung. In einigen Fällen ist Coca-Cola jegliche Kontrolle zum Beispiel der Preise entzogen. Was die Kritik anbelangt – wir bieten Coca-Cola niemals als Ersatz für Grundnahrungsmittel an. Die Limonade soll nur ein Teil der Ernährung sein. Wir exportieren schließlich auch Fruchtsäfte.

Aber es kommt zu entscheidenden Eingriffen in die kulturelle Struktur eines Landes.

Wir tun nicht dieselben Dinge wie unsere Eltern. Eine andere Zeit bringt neue Möglichkeiten, und wir tun nichts anderes – wir bieten eine Alternative. Warum sollen die Leute in Deutschland zum Beispiel immer nur Bier und Wein zum Essen trinken? Der *soft drink* ist eine Alternative. In manchen Ländern, auch in den Entwicklungsländern, hatte man diese Option lange nicht. Die Wünsche der Verbraucher ändern sich ebenfalls. Auch Diet Coke ist eine solche Alternative. In den USA werden zur Zeit koffeinhaltige Getränke favorisiert.

Wird die Coca-Cola Company zu groß?

Unser System ist so angelegt, daß so etwas nicht passieren kann. Nicht die Leute in Atlanta, sondern die vielen Abfüller in aller Welt sind für das Wachstum unserer Firma verantwortlich. Und es gibt noch viel zu tun. Die Erde haben wir so ziemlich abgedeckt, aber es bleibt noch der Weltraum, deshalb haben wir ja auch eine Weltraumdose entwickelt. Aber im Ernst, auch auf der Erde bleibt noch viel zu tun. Zum Beispiel in Rußland und China, wo die Verbreitung von Coca-Cola noch lange nicht so groß ist, wie vielleicht manch einer denkt. Würde jeder Chinese täglich eine Coke trinken, das wäre schon eine tolle Sache.

COCA-COLA
IN DEUTSCHEN LANDEN

Als ein gewisser Ray Rivington Powers die erste Flasche Coca-Cola nach Deutschland brachte, waren die Teutonen längst im Cola-Rausch. Das heißt, einen Rausch konnte man es wohl nicht nennen, dazu waren die beiden deutschen Cola-Marken einfach zu schwach. Das kräuterhaltige Afri-Cola, das noch heute wie Hustensaft schmeckt, und Sinalco-Cola hatten nur bescheidene Marktanteile und begeisterten nur einen geringen Teil der Bevölkerung. Daran hat sich bis heute nichts geändert, auch wenn Sinalco-Cola eine werbeträchtige Tournee mit dem österreichischen Stotterbarden Falco sponsort. Die deutschen Colas gehen nicht los, haben auch nicht die Aura einer Marke wie Coca-Cola, die amerikanischer als das Sternenbanner ist.

Im Frühling 1929 tat sich allerdings auch der Abgeordnete der Weltmarke aus Atlanta schwer. Deutschland war eben nicht Amerika. In Recklinghausen trank man lieber Bier und in Rüdesheim lieber Wein, und was kümmerte einen

1929 kam Coke nach Deutschland deutschen Arbeiter oder Bauern das Gerede vom Symbolwert. In Deutschland wurde zumindest damals noch das Hohelied auf Deutschland gesungen, und die Zeit von Bluejeans und McDonald's war noch nicht mal am Horizont zu erkennen. Kein Wunder also, daß sich Ray Rivington Powers mehr als schwer tat. Aber er gab nicht auf. Er wanderte mit einer Aktentasche voller Eis und Coca-Cola von Kneipe zu Kneipe und predigte die Philosophie seiner Company, die da hieß, mit Coca-Cola kannst du reich werden. Nur wenige glaubten ihm, und kaum einer wollte ihm dabei helfen, den braunen Saft in good old Germany herzustellen, also griff der gute Ray zur Selbsthilfe. Am 8. April 1929 füllte er die erste deutsche Flasche Coca-Cola in einem Lagerraum ab und lieferte sie auch gleich selber aus – mit dem Schubkarren, wie die Chronik wissen will.

Den großen Durchbruch brachte das erste Jahr nicht gerade für Coca-Cola. Ganze 5840 Kisten zu je 24 Flaschen schoben die deutschen Cola-Männer der ersten Stunde in ihren Schubkarren zu den Händlern. 1930 kümmerten sich immerhin schon sieben und 1934 gar 120 Konzessionäre um das koffeinhaltige Wohl der Deutschen. Auf volle Fahrt standen die Zeichen erst, als Max Keith das Ruder übernahm. Nach dem ersten deutschen Cola-Boß ist heute die Straße benannt, in der die Zentrale in Essen liegt, und das aus gutem Grund. Ähnlich wie sein großer amerikanischer Kollege Asa Candler erkannte auch er, daß der große Erfolg nur mit gezielter Werbung zu erreichen war. Er stürzte sich auf Sportereignisse, auf die in den dreißiger Jahren sehr populäre Deutschlandfahrt der Radamateure und die Endspiele zur deutschen Fußballmeisterschaft. Auf den Plakaten dieser Großereignisse prangte der unverwechselbare Schriftzug der amerikanischen Limonade und prägte sich immer mehr Leuten ein. Der große Knaller waren natürlich die 11. Olympischen Spiele 1936 in Berlin, wo zwar auch Afri-Cola und Sinalco-Cola vertreten waren, die Verkaufsstände von Coca-Cola aber am meisten Aufsehen erregten.

Im Zweiten Weltkrieg kochte Coca-Cola auf Sparflamme. Natürlich war der braune Saft nicht gerade das Idealgetränk für den blonden und blauäugigen Superdeutschen, und das Hitler-Regime wollte den Ami- und Judentrunk auch verbieten lassen, aber geschickte Verhandlungen und das Eingreifen des amerikanischen Botschafters verhinderten einen plötzlichen Tod der Limonade. Für ein vorübergehendes Ableben sorgte allerdings die Zuckerknappheit im

Deutsche
Coke-Werbung

Zweiten Weltkrieg, die lediglich ein Gutes hatte: Sie führte zur Erfindung des *fanta*stischen Limonadentrunks Fanta, einer auf Süßstoffbasis gebrauten Orangenlimo, die heute – allerdings mit Zucker – weltweit von Coca-Cola vertrieben wird.

Nach Beendigung des Zweiten Weltkriegs kapitulierte Deutschland auch vor der Coca-Cola-Power. Es ging aufwärts mit Coke, und daran hatte vor allem eine Werbekampagne in den fünfziger

Mr. Coke
in Germany:
Max Schmeling

Mach mal Pause

Jahren großen Anteil. »Mach mal Pause... Coca-Cola« schrie es zehn Jahre lang von allen Plakatsäulen, erklang es sogar in Rundfunk und Kino. Dieser geniale Slogan des Werbemannes Hubert Strauf war mehr als eine freie Übersetzung der amerikanischen Werbezeile »The pause that refreshes«. Er traf auf den Punkt, direkt ins Herz des deutschen Wirtschaftswunderkindes, das inzwischen zum malochenden Kumpel oder zum genervten Manager herangereift war und dringend mal 'ne Pause benötigte. Freizeit war plötzlich angesagt, wenn auch nur in kleinen Dosen, und die sollte man sich vor allem mit Coca-Cola versüßen. Dazu kam der Rock 'n' Roll, der auch das musikalische Feeling aus den USA rüberbrachte, und viele, viele Filme, in denen in jeder zweite Szene an einer Cola-Flasche genippelt wurde.

Der Coke-Durst der Deutschen wuchs, und daran konnten auch die Brauereien nichts ändern. Die waren überhaupt nicht gut auf die süße Konkurrenz aus USA zu sprechen und moserten und mekkerten und gingen auch ganz massiv gegen Coca-Cola vor, bis sie mit dem Ami-Wolf heulten und selbst zu Konzessionären wurden. Der Weg war frei für Coke. 1958 kam die Familienflasche und vier Jahre später die 0,33-Liter-Flasche. Dann kam die Dose, und heute gibt es sogar Cherry Coke und Diet Coke. Der Diätsaft heißt allerdings Coca-Cola Light in deutschen Landen, weil das leichter zu verstehen ist und durch die Zigarettenindustrie schon eingeführt war.

Nur einmal riskierte Coca-Cola den Fangschuß in Deutschland in den sechziger Jahren, als ein gewisser Herr Bickel einen einsamen Kreuzzug gegen die amerikanische Firma führte und sogar einen Anti-Coke-Song schrieb: »CC das hat drei Gifte, drei Gifte hat CC, und hätt' es nicht drei Gifte, dann wär es nicht CC.« Gemeint waren der Coca-Absud, das Koffein und die Phosphorsäure, drei Stoffe, die laut Lebensmittelgesetz allerdings erlaubt sind und bei mäßigem Genuß auch keinerlei Schaden anrichten. Gesponsort wurde der Anti-Coke-Feldzug, so will es Coca-Cola wissen, von mehreren deutschen Brauereien, die immer noch eifersüchtig auf das amerikanische Gesöff schielten. Coca-Cola kämpfte mit harten Bandagen zurück, schleuste einen Privatdetektiv in die Coke-feindlichen Kreise, bis so viel Material zusammengekommen war, daß man vor Gericht bestehen konnte. Im Jahre 1969 wanderte der Herr Bickel ins Gefängnis. Coca-Cola stand jetzt wieder mit weißer Weste da.

Heute ist Deutschland der zweitgrößte Markt für die amerikanische Company — nach den USA natürlich. Der Teutone liebt zwar immer noch sein Bier und seinen Wein, aber Coca-Cola hat sich einen festen Platz im deutschen Herzen gesichert.

SO KOMMT COKE IN DIE FLASCHE

Ein Höllenlärm empfängt uns. Zigtausende von Flaschen rattern und klirren, ausgerichtet wie Zinnsoldaten, über endlose Förderbahnen. Mit ungeheurer Geschwindigkeit flitzen die Flaschen durch zig Apparate, Waschanlagen, Prüfstellen und Füllmaschinen. Werden gehoben und gedreht, durchleuchtet und getestet. Manche werden von den Förderbändern aufs Abstellgleis geschoben. Sie sind durch den Sauberkeitstest gefallen, oder da war ein hauchdünner Riß in der bauchigen Flaschenwand. Für das menschliche Auge unsichtbar, aber die mechanische Prüfstelle sieht auch das. Manche Flaschen explodieren mit einem dumpfen Knall, sie haben den Materialtest, der in einer Hochdruckapparatur vollautomatisch mit irrer Geschwindigkeit durchgeführt wird, nicht bestanden.

Bis zu 46 000 Flaschen können an einem einzigen Tag in der größten Coca-Cola-Abfüllanlage der Bundesrepublik in Fürstenfeldbruck bei München gewaschen,

Diese Maschine mixt den Cola-Saft

geprüft und gefüllt werden. Eine ältere und kleinere Abfüllanlage schafft nur 26000 Flaschen.

Oberstes Gebot in der riesigen Halle, in der sich die Förderbänder wie Schlangen auf Stelzen winden, in der leere Kisten auf Bändern zum Füllen wackeln und mit Cola-Flaschen gefüllte Kisten zum Transport schaukeln, ist Hygiene. Seifenschaum überall. Wir müssen aufpassen, daß wir auf dem glitschigen Boden nicht ausrutschen, als uns der Werbeleiter der Bayerischen Frischgetränke GmbH & Co. durch die Hallen führt. Endlich bekommen wir eine Antwort auf die Frage: Wie kommt Coca-Cola in die Flaschen?

Am Anfang ist das Wasser. Gewöhnliches Leitungswasser, das aber, bevor es für Coke verwendet werden darf, durch etliche Filter und Entkalkungsanlagen gepumpt wird. Das Wasser hat, nach den Richtlinien des Hauses, klar, farb- und geruchlos, geschmacksneutral und hygienisch einwandfrei zu sein. Aus Trinkwasser wird *Getränkewasser* gefiltert. Nächste Grundsubstanz: Zucker. Reiner Kristallzucker vom feinsten, der in riesigen Edelstahltanks lagert, um dem Wasser beigefügt zu werden. So entsteht eine Zuckerlösung. Doch noch ist es nicht soweit. Erst wird das Wasser entlüftet, dann wird Kohlensäure hinzugefügt. Damit hat man das Sodawasser, das der Coke den Prickeleffekt gibt. Fehlt noch die Grundsubstanz Nummer drei, das Coca-Cola-Konzentrat. Das wird in der deutschen Coca-Cola-Zentrale in Essen hergestellt und an die 89 Abfüllstationen, die Konzessionäre in der Bundesrepublik verkauft (ebenso an die Schweiz und Österreich). Das Konzentrat wird mit der Zuckerlösung zu einem Sirup verrührt, und in einem Mixer wird kontinuierlich mit Kohlensäure gesättigtes Wasser mit dem Sirup in einem genau festgelegten Mischungsverhältnis vermengt. Jetzt hat man das heilige Getränk für Millionen. Computergesteuert, in Flaschen abgefüllt.

1950

Dieser Vorgang ist in allen rund 1400 Abfüllstationen der Welt, in denen die braune Limonade hergestellt wird, gleich. Überall sind die Qualitätsmaßstäbe an die Abfüllung und die bis auf das tausendstel Milligramm abgestimmte

Coke belongs

Coca-Cola

"And the same to you"

Drink
Coca-Cola
Delicious and Refreshing

Menge des Konzentrates gleich. Wo immer man den zischenden Drink an die Lippen setzt – Coke schmeckt – zumindest behaupteten das die Werbebosse in Atlanta, immer gleich. Natürlich nur dann, wenn man es, wie bei Kennern üblich, bei vier Grad Celsius trinkt.

Doch bevor der kostbare Saft in die 0,2-, 0,3-, ½-Liter-, 1,5- oder 2-Liter-Flaschen gefüllt wird, bevor die 8-Liter-Behälter für die Restaurants gefüllt werden können, werden die Flaschen einem akribischen, ebenfalls durch Computer gesteuerten Reinigungsvorgang unterzogen. In einer Hochdruckanlage werden die Flaschen in einem genau abgestimmten Vorgang mit 20 bis 95 Grad heißem Wasser, vermengt mit Seifenschaum, gereinigt. Dann wird dieser Vorgang wiederholt. Diesmal allerdings wird ohne Seifenlauge gearbeitet. Diesmal wird mit dem heißen Wasser unter Hochdruck der Spülvorgang vollzogen. Eine Geschirrspülanlage steht in Fürstenfeldbruck, die zwar keine Teller und Tassen waschen kann, dafür aber die besagten 46000 Flaschen. Die gereinigten und gewaschenen Pullen laufen dann über ein Förderband. Mit wahnwitziger Geschwindigkeit rasen sie durch ein Reinigungsprüfgerät. Dabei verläßt man sich nicht allein auf die Elektronik. Das menschliche Auge wird noch einmal zur Kontrolle hinzugezogen. Welche Flasche dieser Prüfung nicht standhält, fliegt raus. Erst nach diesem Prüfvor-

1943

Santa Claus und Coke (1949)

gang wandern die Coca-Cola-Flaschen durch den Mixer, um mit dem Konzentrat und dem kohlensäurehaltigen Wasser gefüllt zu werden.

Die gefüllten Flaschen jagen wieder durch ein Prüfgerät. Ist überall die gleiche Menge drin? Ein Füllhöhenkontrollgerät prüft über Sensoren, ob zum Beispiel in einer Literflasche auch genau diese Menge drin ist. Ist in der Flasche zu viel oder zu wenig drin, schiebt sie dieses Gerät wiederum auf eine Nebenstraße ab. Diese Coca-Cola wird nicht mehr verbraucht, sondern weggeschüttet. Nach der Füllhöhenkontrolle flitzen die Flaschen durch die nächste Station auf ihrem Weg zum Verbraucher. Das Coca-Cola-Etikett wird auf die Flaschen geklebt. Auch dies geschieht natürlich

130

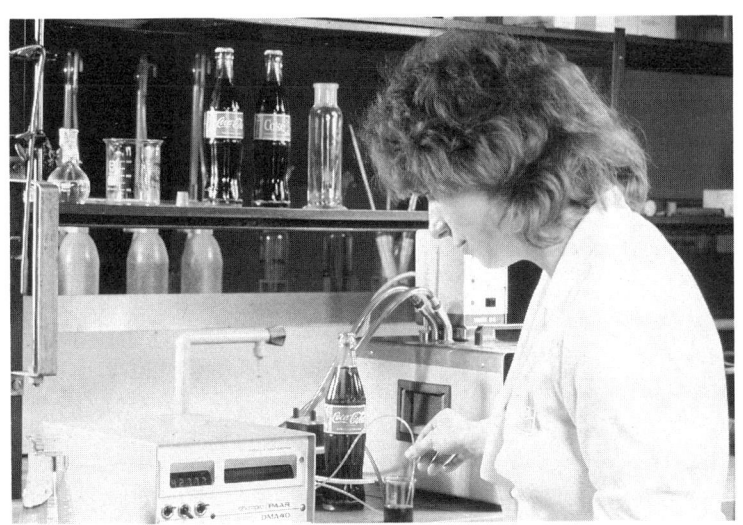

Qualitäts- **sicherung** **bei Coca-Cola** vollautomatisch und der Bandgeschwindigkeit angepaßt. Stoppt irgendwo die Reise der Flaschen auf dem Weg zur Abfüllung oder bei dem Reinigungsvorgang, halten alle Bänder gleichzeitig an. Sonst würde es einen ungeheuren Scherbenberg geben. Es hat uns sowieso erstaunt, wie wenig Flaschen bei dieser doch sehr starken Beanspruchung auf den Bändern kaputtgingen. In Fürstenfeldbruck, so zumindest hatten wir den Eindruck, gibt es kaum Ausfall. Sind die Cola-Flaschen mit dem Markenzeichen versehen, sammeln sie sich wohlgeordnet auf einer Art Rutsche, über die sich in gleichmäßigem Rhythmus eine mit Gummisaugnäpfen versehene Rampe schiebt, welche die Flaschen in die Kästen versenkt. Diese vollen Kasten

werden erst einmal in einer 7150 Quadratmeter großen Halle abgestellt. Bis zu 250000 Limonadenkästen können in Fürstenfeldbruck gelagert werden.

Coca-Cola in Stahlbehältern für die Gastronomie

Aber in Deutschland wird nicht nur Coca-Cola getrunken, und der Cola-Konzern stellt auch nicht nur Coke her. Fanta, Sprite, koffeinfreies Coke und viele andere *soft drinks* werden in der bayerischen Abfüllanlage ebenfalls produziert. Je nach Bedarf laufen über die Förderbänder die verschiedenen Limo-Marken oder die unterschiedlichen Flaschengrößen. Fanta oder Coke gleichzeitig können aber nicht abgefüllt werden.

Während unseres Besuches wurden in der Zeit von neun bis vierzehn Uhr 154912 Ein-Liter-Flaschen Coca-Cola abgefüllt. An heißen Tagen ist das gerade die Menge, die eine Großstadt wie München in eineinhalb Tagen trinkt. 11000 Kunden beliefert die Abfüllanlage der Bayerischen Frischgetränke GmbH & Co., in einem Gebiet, das vom Allgäu bis zum Bayerischen Wald reicht, vom Chiemgau bis nach Ingolstadt.

Die Abfüllanlagen, die Konzessionäre, sind zwar vertraglich eng an Coca-Cola gebunden, gehören aber nicht dem Konzern. Nur zehn Prozent dieser Unternehmen werden von der Company unter eigener Regie betrieben, die anderen sind in Fremdbesitz. Ein Grund dafür, daß sich der Coca-Cola-Konzern nicht als multinationaler, sondern als multilokaler Konzern betrachtet. Wichtigster Markt für Coke – neben den USA – ist die Bundesrepublik. Die Deutschen sind, mit einem Getränkeverbrauch von zirka 640 Litern pro Kopf im Jahr, zumindest Europameister im Saufen. Allerdings steht bei uns in der Beliebtheitsskala Kaffee mit 170 Litern weit vorn, vor Bier mit 148 Litern und weit vor den *soft drinks* mit kläglichen 72 Litern. Dies wollen die Macher aus Georgia in den nächsten Jahren ändern. Die Maschinen und Laufbänder in Fürstenfeldbruck sind dafür gerüstet. Vielleicht trinken wir uns in einigen Jahren in den Coca-Cola-Rausch oder ins Pepsi-Delirium. Oder den Verkaufsstrategen in Atlanta fällt ein, speziell für den deutschen Markt eine Cola mit Biergeschmack zu entwickeln – na denn Prost!

DIE
COCA-COLA-FAMILIE

Vierundsechzig Jahre lang konnte es sich die Coca-Cola Company leisten, ihren Reichtum nur mit der Erfindung des Apothekers Mr. John Styth Pemberton zu mehren. Bis 1950 konnte man Coke weltweit nur in der kleinen Flasche, der mit dem schönen Hintern, kaufen. Erst als die kleine Flasche mit der braunen Limonade das Warenzeichen Coca-Cola längst bis in die entlegenste Hütte getragen hatte, wurden die ersten Veränderungen gemacht. Nicht der Saft wurde geändert, die schöne Flasche mußte erste kosmetische Korrekturen hinnehmen. Der Grund war mal wieder das Militär, zu dem das Haus Coca-Cola eine sehr enge, traditionelle Bindung hat. Die Soldaten in Übersee soffen soviel Coke, daß der Transport in der 0,2-Liter-Flasche zu aufwendig wurde. Coca-Cola entwickelte einen Blechkanister mit größerem Inhalt, um den Durst der GIs zu stillen. Einmal angefangen, entwickelte man 1960 eine Wegwerfflasche, und kurze Zeit später konnte man Coke zum ersten Mal in einer Plastikflasche kaufen.

Coke on the road

Das Jahr 1960 ist in der Firmengeschichte von Coca-Cola ein entscheidendes. Ab diesem Jahr ging es mit Neuentwicklungen Schlag auf Schlag. In diesem Jahr wurde *Fanta* auf den amerikanischen Markt gebracht. 1961 folgte *Sprite*. Ein Limonen-Zitronen-Sprudel. Kurze Zeit später kam die zuckerfreie Cola für Arme – *TAB*. Ein Getränk, das uns Deutschen bisher Gott sei Dank erspart blieb. Die Zitronenlimonade *Fresca* erfreute 1966 die Gaumen der durstigen Amerikaner. Nach diesen vielen Neuerungen hielt man sich in der Company erst einmal für runde dreizehn Jahre bedeckt, um erst dann wieder mit einer Soft-Drink-Innovation die Supermärkte zu stürmen. *Yellow Mellow* kam 1979 als Orangensaft auf den Markt. Im gleichen Jahr wurde *Ramblin Root Beer*, ein Getränk, das nach Lakritze schmeckt und mit Bier nichts zu tun hat, den Amerikanern schmackhaft gemacht. Ebenfalls in diesem Jahr konnte man *Diet Sprite*, die Brause für die Figurbewußten, kaufen.

Eine Revolution im Hause Coca-Cola aber war die Entwicklung von *Diet Coke* (in Deutschland *Cola Light).* Zum ersten Mal in der Geschichte des Hauses wurde das Markenzeichen Coca-Cola geändert. Diet Coke aber war, nach Coca-Cola, der erfolgreichste Drink, den der Konzern je auf den Markt warf. Innerhalb von zwei Jahren wurde es das meistverkaufte kalorienarme Getränk der Welt. Hatte man das Markenzeichen nun schon mal geändert, dazu auch noch sehr erfolgreich, ging man in dieser Richtung weiter. Dem Diet Coke folgten: *Koffeinfreies Coca-Cola*, koffeinfreies TAB und koffeinfreies Diet Coke. Einen Aufschrei der Empörung, ja Drohungen, mußte Coke schlucken, als es 1985 das altbewährte Rezept des Apothekers änderte. *New Coke* war da, und keiner wollte es trinken. Also brachte man neben dieser Errungenschaft nach wenigen Wochen das alte Coke wieder auf den Markt. Markenname: *Coca-Cola Classic*. Als die Coke-Bosse merkten, daß die Amerikaner, geht es um ihr Nationalgetränk, Tradition beweisen, schob man gleich noch ein Getränk nach, das dem Nostalgiebedürfnis der Nation Folge leistete. Eine Cola mit Fruchtgeschmack kam auf den Markt. So wie man es sich in den fünfziger Jahren selber zusammengemixt hatte: *Cherry Coke*. Selbstverständlich wurde kurze Zeit später eine Diätversion davon nachgeschoben.

Was bietet der Coca-Cola-Konzern sonst noch auf dem Soft-Drink-Markt? Einen Orangensaft *Minute Maid* und unter dem gleichen Namen einen Zitronensaft. Beides natürlich auch wieder als Diet Drink. Fresca hat man 1986 mit einem Prozent (!) echtem Grapefruitsaft aufgepeppt. Als neuesten Drink, allerdings noch in der Versuchsphase und das bisher erst in wenigen Staaten der USA, gibt es *Refresh*, einen Eistee, den man sich noch selber mixen muß, da bisher nur das Konzentrat geliefert wird. Fing so nicht einst auch der Siegeszug des Soft-Drink-Riesen Coca-Cola an? *Refresh*, den Namen sollte man sich merken.

CHERRY COKE – GANZ SCHÖN CRAZY...

Nun dürfen wir uns auch zu den Glück-
lichen zählen. Endlich ist es soweit. Seit
dem 2. Juni 1986 gibt es auch in Deutschland das kesse, flippige Cherry Coke, und
das ist eben ganz schön crazy. Die
Werbung des Coca-Cola-Konzerns für
dieses neue Soft-Drink-Getränk sagt ein-
deutig, auf welche Zielgruppe man es
abgesehen hat: Die Jugendlichen sollen
sich an der Coke mit dem kleinen Schuß
Kirsche erfreuen.

Die Idee, Coca-Cola mit einem anderen
Geschmack zu ›verfeinern‹, ist schon fast
so alt wie Coca-Cola selber. Um die Jahrhundertwende, als man den Sirup in der
Kneipe noch per Hand mit Sodawasser
verdünnte, wurde schon manchmal eine
andere Geschmacksrichtung mit dazuge-
geben. Verrückt waren die jungen
College-Boys und -Girls in den fünfziger
Jahren nach der Coke mit einem Schuß
extra. Sie ›verfeinerten‹ ihre Coke in den
Eisbuden oder Hot-Dog-Dielen nicht
selten mit einem kleinen Tropfen Vanille,
Kirschsirup oder sogar einem Schuß
Schokolade.

Ganz schön
crazy

Cherry Coca-Cola. Ganz schön crazy.

Diese Nostalgie in dem jüngsten Getränk der Coca-Cola-Palette erfreut nun auch die Jugend in Deutschland. Daß Cherry Coke in der Bundesrepublik erfolgreich sein wird, hat der Testmarkt Berlin gezeigt. Neun Prozent vom Gesamtverkauf an Coke fielen in der alten Hauptstadt in kurzer Zeit an das kesse, flippige und ganz schön verrückte Getränk. Daß die Jugendlichen anscheinend weltweit mehr die süßen *soft drinks* bevorzugen, das bestätigt der Umsatz von Classic Coke. Süß ist *in* bei den jungen Leuten. Wer jung ist, braucht noch nicht auf die Linie zu achten. Wer es trotzdem tut und sich deshalb nur mit schlechtem Gewissen eine Dose *Crazy Cherry* reintut, kann beruhigt sein. In Amerika wird inzwischen Diet Cherry Coke getestet. Man wird nicht lange warten müssen, bis auch dieser Drink auf dem deutschen Markt ist.

NEW COKE — DER NEUE GESCHMACK GEHT BADEN

Im April 1985 ging die Welt unter — zumindest für die vielen tausend Coke-Fans in den USA. Coca-Cola nahm Abschied von der neunundneunzig Jahre alten Formel. Die Firma nahm Coca-Cola vom Markt und ersetzte es durch New Coke, das neue Coke. Süßer als das klassische Coke und angeblich von über zweihunderttausend Testtrinkern für gut befunden. Eine amerikanische Institution wurde abgeschafft und durch ein Kunstprodukt ersetzt.

Den passionierten Coke-Fans zog es die Schuhe aus. Das durfte doch nicht wahr sein! Waren die in Atlanta verrückt geworden? Was war bloß in die Company gefahren? Welcher hirnverbrannte Hornochse war auf die Idee gekommen, das gute alte Coke durch dieses süße Abspülwasser zu ersetzen? Wollten die Harakiri machen, sich mit großem Trara vom Limonadenmarkt verabschieden und irgendwo in Südamerika Pampelmusen anbauen? Oder waren sie tatsächlich überzeugt davon, diese billige Imitation von Pepsi-Cola sei das, was alle Coke-Trinker wollen? Dann konnten sie nur geistig umnachtet sein. Say good-bye, Coke. Es war nett, es war schön, wir hatten neunundneunzig Jahre lang das Vergnügen, und jetzt brechen eben härtere Zeiten an.

Ich kann mich noch gut daran erinnern, wie mir zumute war, als ich irgendwo in Florida mein erstes New Coke trank. Die Werbespots im Fernsehen waren ja nicht schlecht und hatten mich neugierig auf das neue Coke gemacht. Vielleicht war den hohen Herren ja tatsächlich was eingefallen, vielleicht hatte irgendein Laborant eine zweite Zauberformel entdeckt. Weit gefehlt, konnte ich da nur sagen. Schon nach den ersten paar Schlucken wurde mir klar, daß dieses dünne Gesöff nichts mehr mit meinem geliebten Coca-Cola gemein hatte. Von Coke keine Spur mehr. Da fehlte der Biß, das entscheidende Etwas, das absolute Feeling, das einem bei 'ner alten Coke sofort auf die Zunge sprang. Das war nur noch Zuckerwasser mit Cola-Geschmack, eine billige Pepsi-Imitation. Und das sollte der neue Wundertrunk sein?

Ich konnte mir nicht vorstellen, daß die Amerikaner das so widerstandslos hinnehmen würden. Und tatsächlich, schon nach wenigen Tagen konnte ich mir im Fernsehen die ersten Proteste enttäuschter Verbraucher anhören. Die Kunden liefen Sturm und wollten ihr geliebtes Coke wiederhaben. Mehr als tausend wütende Anrufe gingen pro Tag allein in der Zentrale in Atlanta ein. Viele tausend Leute mehr wandten sich an die Medien oder verfaßten Protestbriefe. »Das ist ja so, als ließe der liebe Gott ab morgen lila Gras wachsen«, schrieb eine Coke-Trinkerin. Andere Kunden waren weniger zimperlich und beschimpften die Company auf übelste Weise. ›Pißbrühe‹ war nur einer von vielen Ausdrücken, mit denen New Coke bedacht wurde.

Passionierte Coke-Trinker schlossen sich zu einer Protestvereinigung zusammen, den ›Old Cola Drinkers of America‹. Auf den Autos der Coke-Fans prangten Plaketten, in den Zeitungen und Magazinen erschienen seitenweise Berichte, und alle hatten denselben Tenor: Gebt uns das alte Coke zurück. Gewitzte Händler horteten die Restbestände des originalen Coke und verkauften die Dosen und Flaschen zu Traumpreisen. Überall deckten sich die Coke-Fans mit den letzten Dosen des Zaubertrunks ein. Auch ich hatte nichts Besseres zu tun, als mir in einem verlassenen Nest in den Everglades zwei Sixpacks mit dem alten Coke zuzulegen und den Inhalt in kleinen Schlucken zu vertilgen. Viele Coke-Fans machten ein Ritual daraus, die letzten Dosen zu öffnen, und viele hoben sogar ein paar auf – für die letzten Stunden, wenn man noch einmal *the real thing* schmecken wollte.

Qualität setzt sich durch

Pepsi feierte die Einführung von New Coke als überwältigenden Sieg. Und tat-

sächlich, das Konkurrenzunternehmen hatte während der letzten Jahre ständig an Boden gewonnen und war dem großen Bruder bedrohlich nahe gekommen. Nur noch wenige Punkte trennten die beiden Giganten. Und jetzt glaubte man, Coca-Cola endgültig ausgeknockt zu haben. »Jahrelang haben sie getönt, Coca-Cola sei das einzig Wahre«, höhnte man in der Pepsi-Werbung, »und jetzt ändern sie den Geschmack. Warum wohl? Wir haben es nicht nötig, den Geschmack von Pepsi zu verändern.«

In der Coca-Cola-Zentrale standen die Zeichen auf Sturm. So hatte man sich die Einführung des neuen Produkts nicht vorgestellt. »Wir wurden völlig von der Reaktion überrumpelt«, sagte ein Sprecher, »das hatten wir nicht erwartet.« Fast in Panik geriet man, als Pepsi den 8. Mai 1985 zum ›Tag der Kapitulation‹ erklärte und allen Angestellten freigab. Vorstandssitzungen wurden einberufen, ein Krisenstab tagte fast ohne Pause und suchte verzweifelt nach einem Ausweg aus dem Dilemma. Bis Robert Goizueta, der neue Boß von Coca-Cola, am 10. Juli 1985 vor die Kameras des Fernsehens trat und einem begeisterten Publikum verkündete, das alte Coke würde wieder auf den Markt kommen und Coca-Cola Classic heißen. New Coke würde es auch weiterhin geben, aber man könne nicht an dem überwältigenden Votum der Öffentlichkeit vorbeigehen.

Plakatwerbung der 50er Jahre

Enjoy
Coca-Cola
Coke adds life...
to reading
and writing
hot dogs
or fish,
baseball
or tennis
or what
ever you
wish.

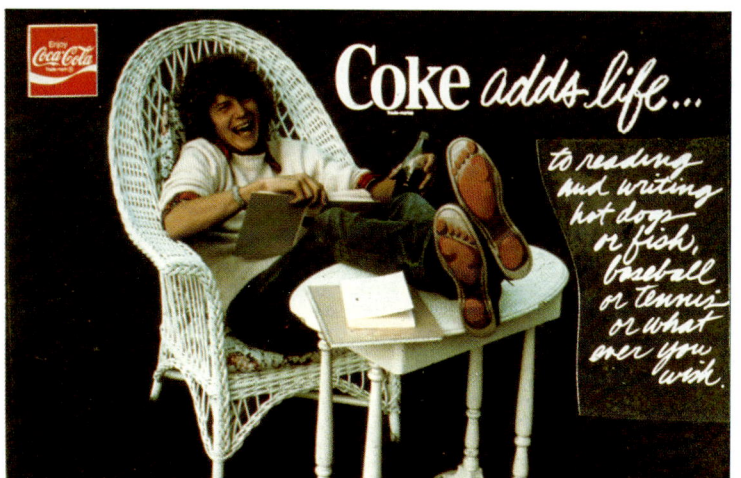

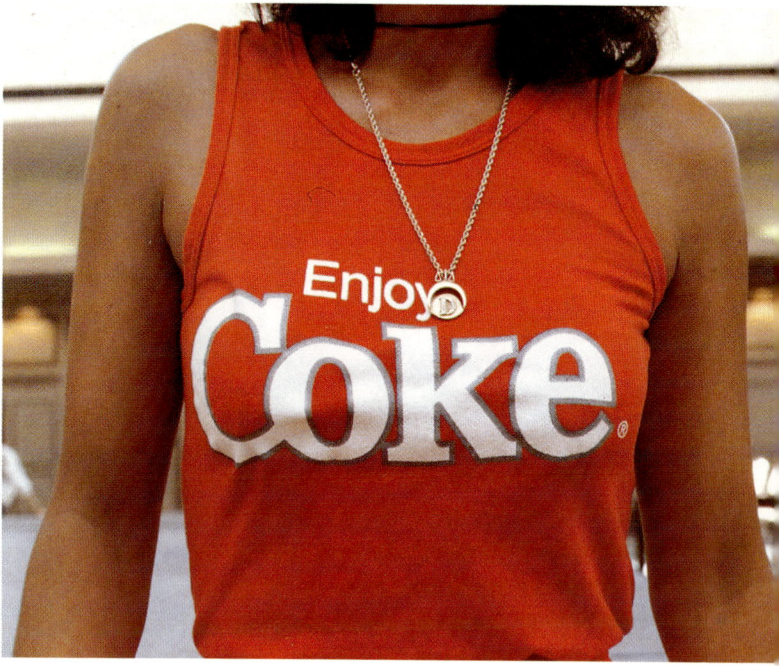
Enjoy
Coke®

Coke was back. Das originale Coca-Cola war wieder da. Die Old Cola Drinkers of America jubelten und posierten siegestrunken vor den Kameras der Presseleute, und statt der Protestanrufe kamen nun Dankesbotschaften. In die allgemeine Begeisterung mischte sich aber auch der Verdacht, das Ganze sei eine abgekartete Sache gewesen. Ein raffinierter Werbefeldzug, der die Reaktion der Kunden einkalkuliert habe und nur wegen der ausführlichen Berichterstattung gestartet worden sei. Kostenlose Werbung im Wert von vielen Millionen Dollar – dafür kann man sich schon mal lächerlich machen. Aber die Coke-Leute winkten ab. »So raffiniert sind wir nicht«, sagte ein Sprecher. Aber so doof wohl auch nicht. Heute sind die Marktanteile von Coca-Cola größer denn je, und das neue Coke steht einträchtig neben dem klassischen.

1976

In Deutschland soll New Coke allerdings nicht eingeführt werden. Warum auch? So ein Gag klappt nur einmal. In diesem Sinne, Freunde. Red, White & You für die klassischen Fans. Catch the wave für die neuen. Hauptsache, Coke.

Coke-Busen

DER KRIEG
DER GIGANTEN

Aggressive Verkaufsmethoden und massiver Werbeeinsatz, das waren schon immer die maßgebenden Erfolgsmethoden von Coca-Cola. Mit dieser Philosophie konnte man sich aus einer kleinen Apotheker-Hinterhofküche zum multinationalen Konzern entwickeln. Den Gegner im Auge haben und, wenn notwendig, die erforderlichen Schritte unternehmen, um ihn rasch von der Bildfläche verschwinden zu lassen – diese Methode beherrschen die Coke-Macher. Mußten sie auch, denn in den Gründerjahren wollten etliche Konkurrenten an dem Erfolg, der sich mit der braunen Brause abzuzeichnen begann, teilhaben. Konkurrenzprodukte schossen wie Pilze aus der Erde. Allein 1916 verdrängte die Coca-Cola Company 153 Rivalen vom Markt. Wegen unlauteren Wettbewerbes. Jedem, der den Cola-Saft nachmachte, wurde das Leben durch Prozesse oder massive Repressalien so vermiest, daß er irgendwann aufgab. Coca-Cola war hellwach, um seinen Markt allein und ungestört ausdehnen zu können.

Nur, einen hatten sie übersehen: den Apotheker Caleb D. Bradham. Er war der Erfinder von Pepsi-Cola. Und genau wie sein Berufskollege John Pemberton hatte er sein Gebräu weniger als Getränk entwickelt, sondern als Medizin.

Pepsi, der Name kommt von Dyspepsie, sollte gut sein gegen Verdauungsstörungen. 1898, also nur zwölf Jahre nach Pemberton, hatte dieser Apotheker sein Gebräu entwickelt und 1902 erstmals auf den Markt gebracht. Damals wohl noch ausschließlich als Medizin angepriesen, muß dieser Saft den wachsamen Augen von Coca-Cola entgangen sein. Immerhin konnte sich Bradham bis zum Ersten Weltkrieg mit nicht geringem Erfolg auf

Take the Challenge

147

dem Markt etablieren. Hauptsächlich in seiner Heimat, in North Carolina. Als dann während der Kriegszeit die Zuckerpreise in die Höhe schnellten, ging dem Selfmademan Caleb D. Bradham die Puste aus. Jetzt hätten die Bosse von Coca-Cola zugreifen sollen. Sie hätten Pepsi für einen Apfel und ein Ei kaufen können. Bradham war auf jeden Fall im Jahr 1922 pleite. Geschäftsleute kauften sein Unternehmen auf, um dann ebenfalls im Jahr 1931 Konkurs anmelden zu müssen. Die zweite und letzte Chance für Coca-Cola, seinen heute größten Rivalen auf dem Soft-Drink-Markt aufkaufen zu können. Sie haben diese Chance, wie wir wissen, nicht genutzt. Die Reste der Pepsi-Firma wurden 1931 von der Firma Loft Inc. aufgekauft. Diese Firma mit Sitz im Staat New York hatte es schwer, gegen den damals übermächtigen Gegner Coke anzukommen. Pepsi hatte keine Aura. Mit dem Getränk konnte sich kein patriotisch gesinnter Amerikaner identifizieren. Und Pepsi konnte es sich nicht leisten, einen so cleveren Werbecoup zu landen wie der Coke-Boß Woodruff, jeden amerikanischen Soldaten mit seiner Coke zum Preis von fünf Cents zu versorgen, wo immer auch dessen Front stand.

Nein, Pepsi versuchte es anders. Pepsi versuchte es mit Dumping-Preisen. Schon vor dem Zweiten Weltkrieg bot Pepsi mehr als die doppelte Menge Cola in einer Flasche an, zum gleichen Preis von fünf Cents. Pepsi hatte damit Erfolg. Zumindest in der ärmeren Schicht der Amerikaner. Dann kam der große Krieg, und Pepsi hatte wieder das Nachsehen.

Die Pepsi-Wende, der Aufstieg zu einem Weltunternehmen und zum einzigen und größten Konkurrenten von Coca-Cola, kam erst 1950 mit Alfred N. Steele. Dieser Mann war ehemaliger Mitarbeiter einer Werbefirma, die für Coke arbeitete. Steele mußte diese Firma, aus welchen Gründen auch immer, verlassen. Rache ist süß, dachte sich der Mann und erklärte Coca-Cola zu seinem Erzfeind. Steele setzte seine ganze Energie, sein ganzes kreatives Schaffen dafür ein, die Company zu bekämpfen. Den Coca-Cola-Mannen sollte Hören und Sehen vergehen. Pepsi setzte wieder auf die Familienflasche und hatte damit erste Erfolge zu verbuchen. Der Knüller aber gelang den Männern aus dem Staat New York mit der vergleichenden Werbung. PepsiCo führte den Pepsi-Test ein: In einer TV-Sendung sitzen etliche Leute zusammen und trinken Cola aus Gläsern, ohne zu wissen, welche Marke sie trinken. Sie werden gefragt, welches Getränk ihnen am besten schmeckt. Nachdem sie auf ein Glas gezeigt haben, stellt sich heraus, daß dies Pepsi war. Mit dieser aggressiven Werbung konnte der Umsatz innerhalb von fünf Jahren um 130 Prozent gesteigert werden.

Glück, und das gehört immer zum Erfolg, sollte dem PepsiCo-Konzern in der Person von Präsident Richard Nixon erwachsen. Und Pepsi hatte das Glück, daß sich Coca-Cola inzwischen zu sehr auf seinen Erfolgen ausruhte. Als 1959 eine Verbrauchsgüterausstellung in Moskau abgehalten wurde, versäumte es Coca-Cola, dort anwesend zu sein. Richard Nixon, damals noch Vizepräsident, besuchte die Ausstellung und hatte den Pepsi-Managern zugesagt, dafür zu sorgen, daß sich der sowjetische Führer Nikita Chruschtschow an Pepsi satttrinken sollte. Das Foto, das einen strahlenden Nikita Pepsi trinkend zeigte, ging um die Welt. Pepsi hatte seinen ersten großen ausländischen Markt erobert.

Dies Versäumnis konnte Coca-Cola erst 1985 wettmachen. Coke ist erst in jüngster Zeit mit einer eigenen Abfüllanlage

Asien ist fest in ›Cola-Hand‹

in der UdSSR vertreten. Das dies möglich wurde, schreibt man dem Verhandlungsgeschick des ehemaligen amerikanischen Außenministers Cyrus Vance zu. Mißliebige Zeitgenossen behaupten, Mr. Vance sei mit dem Haus Coca-Cola über eine Anwaltskanzlei verbunden. Vance war Außenminister unter Jimmy Carter, und der ärgerte sich bei seinem Einzug ins Weiße Haus erst einmal schwarz. Hatte doch Richard Nixon dafür gesorgt, daß die Coke-Automaten im Regierungssitz durch die rot-weiß-blauen Maschinen der Konkurrenzfirma Pepsi ersetzt wurden. Obwohl Präsident Carter ein absoluter Coke-Fan war, leistete er diesem Unternehmen einen schlechten Dienst, als er sich dazu entschloß, die Olympischen Spiele in Moskau zu boykot-

tieren. Coca-Cola, als traditioneller Ausstatter dieses sportlichen Großereignisses, hatte gehofft, über diese Hintertür endlich einen Fuß in den riesigen russischen Markt zu bekommen. Das gelang ihnen aber erst, wie gesagt, im Jahr 1985.

Der eigentliche Krieg der Soft-Drink-Hersteller aber findet noch immer auf heimatlichem Boden statt. Pepsi hat in Amerika Coca-Cola fast erreicht. Der Umsatz von Coca-Cola sank in den Jahren von 1980 – 84 von 24 auf 21 Prozent. Der von Pepsi stieg auf 18,4 Prozent. Als der Coke-Konzern 1982 sein Diet Coke auf den Markt brachte, zog Pepsi sofort nach. Cherry Coke, die neueste Erfindung von Coca-Cola, wurde ebenfalls von Pepsi sofort imitiert. In der Bundesrepublik war Cherry Pepsi sogar eher zu haben als Cherry Coke. Im internationalen Soft-Drink-Geschäft liegt Coca-Cola allerdings immer noch weit vorn. Mit dem weltweiten Netz von Abfüllanlagen ist die Company seinem amerikanischen Erzrivalen weit überlegen.

Aber der Krieg der Giganten hat sich inzwischen schon vom irdischen Kampfplatz entfernt. Der Wettstreit, wer denn nun die Nummer eins ist, hat sich in den Weltraum verlagert. Als am 24. April 1985 die Space Shuttle *Challenger* in ihre Umlaufbahn um die Erde startete, grüßte wenig später der Astronaut Anthony England die Völker der Welt mit einer Coke Space Can (Coke-Weltraum-

Büchse) in der Hand. Mit einem Aufwand von 250000 Dollar hatten es die Coca-Cola-Ingenieure geschafft, daß man selbst im schwerelosen Raum nicht mehr auf den Frischwärts-Drink verzichten mußte. Aus dem gleichen Raumschiff grüßte dann, acht Stunden später, wiederum ein Astronaut: Karl G. Heinze. Diesmal allerdings mit einer Pepsi Space Can. Um acht Stunden hatte Pepsi das Rennen um den Platz der Nummer eins im außerirdischen Soft-Drink-Wettkampf verloren. Doch Pepsi konnte diese Schlappe bald wieder aufholen. Sie kommentierten den zeitlichen Rückstand: »Es war bestimmt das neue Coke – ist doch klar, daß sie das mit einer Pepsi runterspülen mußten.«

Doch noch leben die Soft-Drink-Konsumenten auf der Erde. Und da muß Coca-Cola um seine Pfründe bangen. Coke ist nervös geworden. Mit der New Coke hat man das erfolgreiche Rezept, das Jahrhundertgetränk der Amerikaner, geändert. Man wollte sich dem Geschmack von Pepsi angleichen. Ein Jubeltag für Pepsi. Ein riesiger Flop für Coca-Cola. Mit dem Classic Coke hat man diese Scharte inzwischen wieder ausgeglichen. Und doch, der Erzrivale, der in seiner Geschichte zweimal pleite war, der von Coca-Cola zweimal für Pfennigbeträge zu kaufen gewesen wäre, ist der große Schatten auf der so erfolgreichen Geschichte des heiligen Wassers der Amerikaner, Coca-Cola.

DAS IMPERIUM
SCHLÄGT ZU...

Der Dornröschenschlaf im 26 Stockwerke hohen Wolkenkratzer der Coca-Cola Plaza in Atlanta ist längst vorbei. In den siebziger Jahren saß man dort, noch unter dem Einfluß des allmächtigen Bosses Robert W. Woodruff, wie gelähmt in den Etagen und wunderte sich über den immensen Erfolg des Erzrivalen PepsiCo. Der hatte den Cola-Männern inzwischen erhebliche Marktanteile am US-Markt weggenommen. Pepsi kam und kommt beängstigend nahe an die Verkaufszahlen des heiligen Saftes der Amerikaner heran. Mr. Woodruff war es aber auch, der entscheidend dazu beitrug, daß ein neuer Mann an die Spitze des Coke-Imperiums kam. Der in Kuba geborene 52 Jahre alte Roberto Goizueta übernahm 1981 die Führung in Atlanta und küßte damit die Belegschaft wach. Goizueta brachte sehr schnell neuen Wind in die verschlafenen Büros. Wichtiger aber, er brachte neue Ideen, und er war bereit, alte Zöpfe abzuschneiden, das lähmende Traditionsbewußtsein der Coke-Gilde über Bord zu werfen.

Coke gefällig?

Sein erster großer Coup war, daß er 1982 Diet Coke auf dem amerikanischen Markt einführte. Eine Revolution für das Haus, das sich bis dahin nie an eine Änderung oder Erweiterung des Coke-Marktes herangewagt hatte. Heute ist Diet Coke, nach Coca-Cola und Pepsi, der drittmeist verkaufte *soft drink* in den USA.

1985 machte der Coca-Cola-Konzern einen Reingewinn von 538 Millionen Dollar (zirka 1,3 Milliarden Mark) – bei einem Umsatz von 7,4 Milliarden Dollar. Dieses blendende Ergebnis beruht auf den drei Säulen des Unternehmens:

Soft Drinks
Entertainment
Food

Wobei das Engagement im Unterhaltungssektor (Entertainment) ebenfalls auf die Übernahme der Konzernleitung durch Roberto Goizueta zurückzuführen ist. Goizueta hatte erkannt, daß im Gegensatz zum Soft-Drink-Bereich, wo der Coca-Cola-Konzern 60 Prozent seines Umsatzes im Ausland machte, im Unterhaltungssektor 80 Prozent des Umsatzes in den USA gemacht wurden. Dies war ein heimischer Markt, in dem Coca-Cola bislang nicht vertreten war.

1982 kaufte der Coke-Konzern für 692 Millionen Dollar (zirka 1,5 Milliarden Mark) die Columbia Pictures Inc. Damit hatte sich der Konzern den letzten großen unabhängigen Filmproduzenten Hollywoods unter den Nagel gerissen. Eine Filmfirma, die so bekannte Streifen produzierte wie ›Tootsie,‹, ›Gandhi‹ und ›Ghostbusters‹. Doch mit der Übernahme von Columbia Pictures war der Hunger des Coke-Konzerns im Unterhaltungssektor noch lange nicht gestillt. 1985 kaufte man die Embassy Communications & Tandem Productions für 485 Millionen Dollar und dann, wenige Monate später, die Merv Griffin Enterprises. Kaufsumme unbekannt. Mit diesen Firmen hat Coca-Cola einen entscheidenden Fuß in der Tür von TV, Video und Kabelfernsehen in der USA. Diese Firmen produzieren so populäre Shows wie ›The Jeffersons‹ (Embassy) oder ›Jeopardy‹ (Griffin). Mit Columbia erreicht Coca-Cola darüber hinaus die in den USA ungemein wichtigen Produzenten der sogenannten Movie Channels: HBO und CBS.

Columbia produziert für diese Kanäle drittklassige Filme, die in dem 24-Stunden-Programm dieser Anbieter laufen. Mr. Goizueta hat, nachdem er an die Spitze des Coca-Cola-Konzerns gewählt wurde, erst einmal die Werbemittel, dieses alte, aber immer erfolgreiche Instrumentarium des Imperiums in Atlanta, drastisch erhöht. 700 Millionen Dollar gibt Coca-Cola jährlich für die Werbung aus. Schwergewicht ist die USA, und Hauptgegner ist PepsiCo. Erste Erfolge des massiven Einsatzes haben sich schon bemerkbar gemacht. In den Lebensmittelläden ist der Umsatz von Coke wieder gestiegen. Man hat Pepsi wieder überrundet. 30,8 Prozent verkauft Coke, 29,4 Prozent Pepsi.

Die Einnahmequelle Nummer eins des Coca-Cola-Imperiums ist immer noch der Soft-Drink-Bereich. 68 Prozent des Umsatzes werden auf diesem Gebiet gemacht. Doch das Hauptaugenmerk des jungen, agilen neuen Coca-Cola-Bosses ist nicht mehr Amerika. Der US-Bürger trinkt mit rund 150 Litern pro Kopf und Jahr mehr *soft drinks* als irgendein anderes Volk auf der Erde. Dieser Markt ist gesättigt. Da können nur noch neue Segmente aufgetan werden – mit neuen Marken. Eine große Steigerung ist da nicht mehr drin. Nein, der Überseemarkt ist es, der die Coke-Macher interessiert. Da sieht der neue Boß noch ungeahnte Steigerungsmöglichkeiten. Und im internationalen Geschäft liegt der Coca-Cola-

Konzern weit vor seinem heimischen Rivalen PepsiCo. In Europa zum Beispiel verkauft Coca-Cola viermal soviel wie der Pepsi-Konzern. Das ist ein Vorsprung, den sich die Macher aus Georgia nicht nehmen lassen wollen. Dazu kommt, daß Coke schon immer traditionell über alle politischen oder rassischen Hürden hinweg, nur seinen Verkaufserfolg im Auge, jedes Land beliefert hat, in jedem Land eine Abfüllanlage aufgebaut hat, wo es möglich war.

Allerdings verliefen die internationalen Geschäfte nicht immer so reibungslos, wie es sich der Konzern wünschte. Als Coca-Cola 1966 eine Abfüllgesellschaft in Israel eröffnete, wurde es jahrelang von einigen arabischen Ländern boykottiert. Immer wurde der Coca-Cola-Konzern auch mit den amerikanischen Zügen des Kapitalismus gleichgestellt. Ja, manchmal wurden ihm sogar imperialistische Tendenzen vorgeworfen. Nicht schuldlos daran ist die einmalig erfolgreiche Werbekampagne des besagten Robert W. Woodruff. Er hatte im Zweiten Weltkrieg bestimmt, daß jeder amerikanische Soldat, wo immer er auch war, für fünf Cents seine Coke kaufen konnte. Für Coke ein riesiger Erfolg. Der leicht bittere Nachgeschmack, daß man mit den Leiden des Krieges Erfolg schindete, blieb vielerorts. Immerhin, die Coca-Cola Company hatte nach dem Krieg in 64 Ländern ihre Abfüllstationen. Gemanagt nach dem Fremdbesitzsy-

Eine Flasche
geht fremd

stem. (Nur das Konzentrat wird bei Coke gekauft. Heute sorgen 155 Franchise-Unternehmen dafür, daß der Rubel in der Kasse in Atlanta rollt.)

Dafür sorgen wird auch der neue starke Mann an der Spitze des Unternehmens. Eine erfrischende Pause mit Coke wird er sich wohl kaum gönnen können. Peilt er doch für das Jahr 1990 einen Reingewinn von einer Milliarde Dollar an. Daß ihm das gelingen wird, daran zweifelt eigentlich keiner. Allein mit seinem Einstieg in die Unterhaltungsbranche erzielte der Konzern 1984 einen Nettogewinn von 161 Millionen Dollar. Der Vizepräsident der Walt Disney Productions kommentierte die aggressive Kaufwut des Coca-Cola-Imperiums so: »Coke wants to take over everybody. The only number they'll be satisfied with is No. 1.« – »Der Coca-Cola-Konzern will auf dem Unterhaltungssektor jeden schlucken. Der einzige Platz, mit dem sie zufrieden sind, ist der erste.« Ob dies nur für das Entertainment gilt?

159

DIE LEUTE
VOM COLA-CLAN

Uns liefen beinahe die Augen über. So viele Coke-Flaschen hatten wir noch nie auf einem Haufen gesehen, nicht mal in den riesigen Abfüllanlagen in Dallas und Fürstenfeldbruck. Tonnenweise wurden sie von schwitzenden Gepäckträgern in die Hotelhalle geschoben. Flaschen aus allen Jahrzehnten, seit es Coca-Cola gibt. Und das war noch nicht alles. Da wurden riesige Kisten mit Tabletts, Kalendern, Sirupbehältern, Uhren, Dosen und was nicht alles in die Aufzüge gekarrt, alles mit dem unverwechselbaren Coca-Cola-Logo und garantiert wertvoll. Das ganze Hotel war voll mit Coca-Cola Memorabilia und wertvollen Coca-Cola-Antiquitäten, und wohin man auch schaute, prangte der Name Coca-Cola.

Was wenig verwunderlich war. Im Waverly Hotel, einem riesigen Kasten im Norden von Atlanta, tagte der Cola-Clan anläßlich seiner zwölften Convention. Das heißt, der Clan hat inzwischen einen weitaus vornehmeren Namen. ›The Coca-Cola Collectors Club International‹ heißt die offizielle Bezeichnung für diese

New Coke ist da

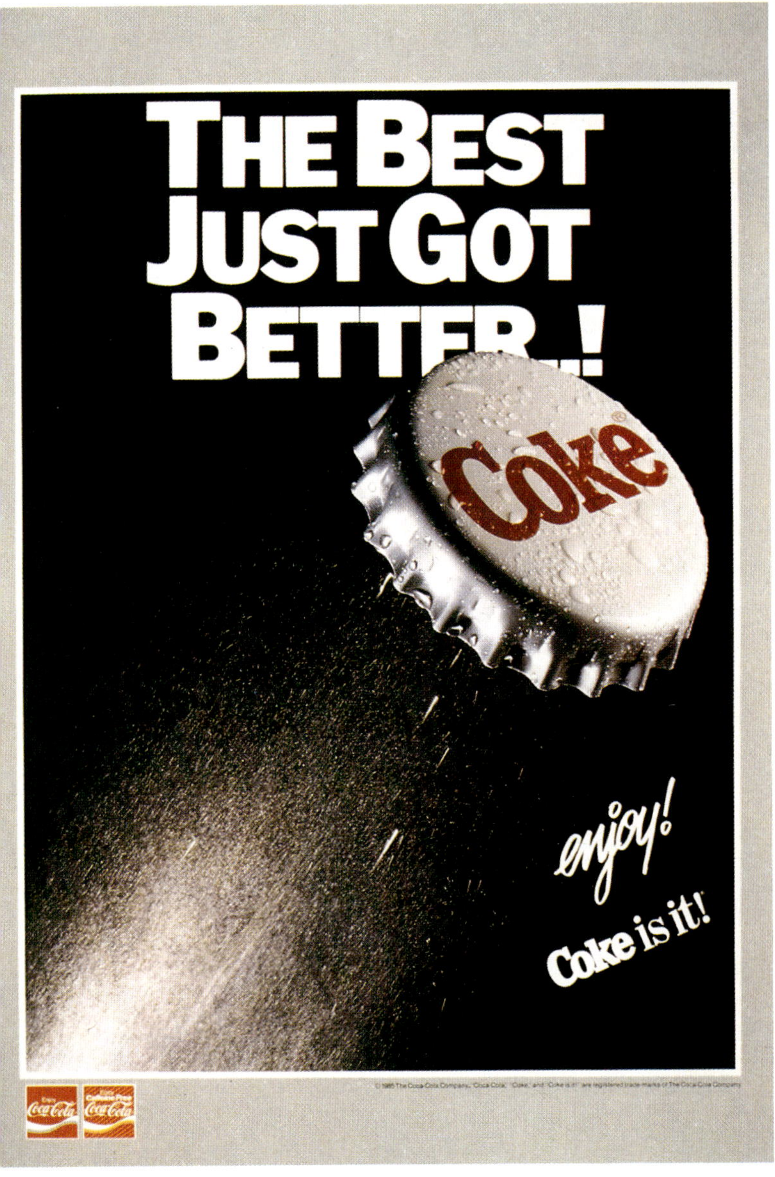

© 1985 The Coca-Cola Company. "Coca-Cola," "Coke," and "Coke is it!" are registered trade-marks of The Coca-Cola Company.

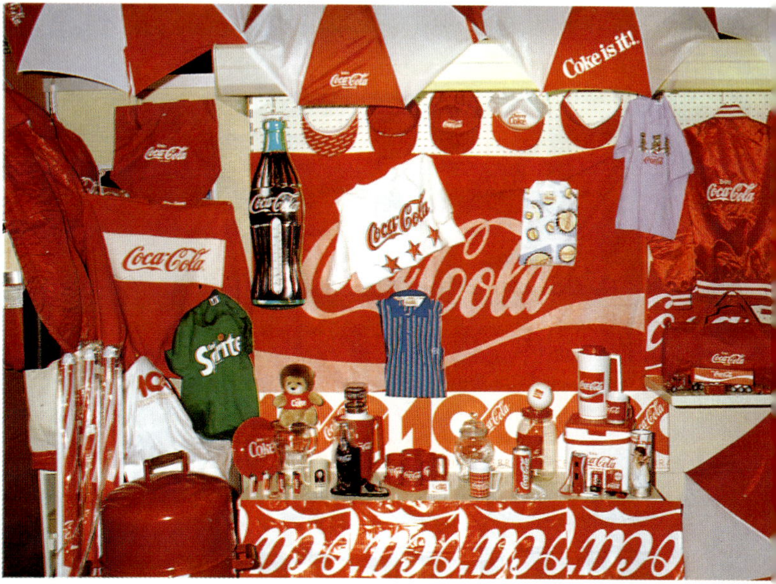
Coke is it!
Coca-Cola
Sprite
Coke

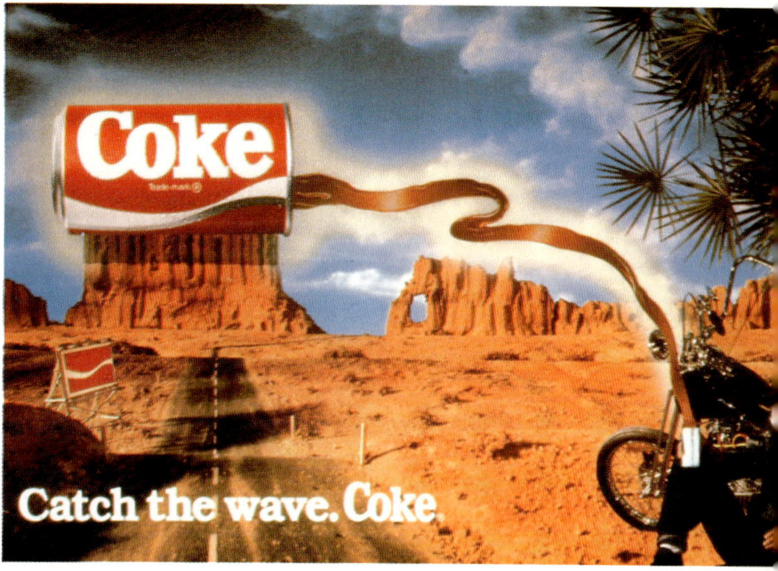
Coke
Catch the wave. Coke.

bunte Ansammlung von Fans, Freaks, Sammlern und Verrückten. »Unser Club wurde vor zwölf Jahren als Coca-Clan gegründet«, erzählt Randy Schaeffer, im bürgerlichen Leben als Mathematikprofessor an der Uni tätig und im Clan als Publications Director für die klubeigene Zeitschrift *The Coca Call* zuständig. »Hier im Süden der Vereinigten Staaten sammelten viele Leute die sogenannten Coke Memorabilia, und die trafen in Antiquitätenläden und auf Flohmärkten wieder andere Leute, die solche Sachen sammelten. Überall in den USA gab es Cola-Sammler. Also gründete man eine Vereinigung. Heute haben wir rund fünftausend Mitglieder.«

Coke-Shop

Und die kommen aus aller Herren Länder. Aus Australien, Belgien, Brasilien, Kanada, England, Frankreich, Island, Indien, Italien, Japan, Marokko, Holland, Spanien, Schweden, der Schweiz, Jugoslawien, und sogar aus Deutschland sind rund zwanzig Sammler dabei. »Über zweihundert Mitglieder kommen aus dem Ausland«, freut sich Bill Bateman, der Membership Director.

Bill Bateman und Randy Schaeffer besitzen zusammen die größte Coca-Cola-Sammlung der Welt. Alles wertvolle Antiquitäten, die aufgestellt, aufgehängt oder in Kisten und Schubladen verstaut sind. »Unser wertvollstes Stück ist eine rechteckige Pooltable-Lampe«, verkündet Randy stolz, »das Ding dürfte

1986

ungefähr 25000 Dollar wert sein. Wir

Oben links:
Mr. und Mrs. Coke

Oben rechts:
Randy Schaeffer
(rechts),
Bill Bateman

Links:
Coke-Uhr
für 375 Dollar

besitzen ungefähr zehntausend Stücke, die meisten stammen aus der Zeit vor dem Zweiten Weltkrieg.«

Die Convention findet jedes Jahr statt, immer in einer anderen Stadt, aber im Jubiläumsjahr von Coca-Cola mußte es natürlich Atlanta sein. Über zweitausend Mitglieder bevölkern das riesige Hotel, jedes einzelne Zimmer ist mit einem oder zwei Cola-Verrückten belegt. Im großen Meeting Room findet eine nicht endenwollende Versteigerung statt, und wertvolle Stücke wie ein alter Cola-Automat oder ein Sirupbehälter wech-

Convention Can

Lebende Litfaßsäule

seln den Besitzer. Am meisten, nämlich
stolze 3900 Dollar, bringt das Blatt eines
Kalenders aus dem Jahr 1901 ein. Vor
einem Jahr in Dallas erregte die berühmte Weltraumdose das meiste Aufsehen.
Die Company hatte sie dem Clan zum
Geschenk gemacht, und der machte sie
zum Hauptgewinn einer großen Lotterie. Ausgerechnet ein dreijähriges
Mädchen zog mit dem Hauptgewinn
davon – unter den gierigen Augen so
manchen Veterans, der selber gern das
kostbare Stück sein eigen genannt hätte.

Großes Glück hatte auch ein Clan-Mit-
glied aus Arkansas. »Das war vor vierzehn
Jahren, als ich anfing zu sammeln. Auf
einem Flohmarkt kaufte ich ein Coca-

Coke-Fan

zum Ersten, zum Zweiten, zum Dritten… Cola-Tablett für drei Dollar. Später fand ich heraus, daß es dreihundert Dollar wert war.« Er lächelt stolz und fügt hinzu: »Bei uns zu Hause steht alles mit Coca-Cola-Antiquitäten voll. Wir haben kaum noch Platz zum Essen und Schlafen.« Das gilt auch für einen jungen Sammler aus Illinois, der bei der Versteigerung eine große Cola-Uhr für 375 Dollar erstand. »Mal sehen, ob ich zu Hause überhaupt noch Platz für das Ding finde«, meint er grinsend.

Die Company nimmt den Collectors Club, der ja mehr ist als ein bloßer Fan-Klub, sehr ernst, sponsort ihn aber nicht. »Aber die Firma arbeitet gut mit uns zusammen«, sagt Randy Schaeffer, »man tut sehr viel für uns. Morgen findet zum Beispiel ein großes Picknick für alle Mitglieder statt. Die Company finanziert das gesamte Picknick, und das kostet eine Menge Geld.« Noch mehr Geld kostete allerdings die riesige Hundert-Jahr-Feier

im Mai, zu der natürlich auch Randy ein-
geladen war. »Es war toll«, erinnert er
sich, »ich habe noch nie eine so gut orga-
nisierte Feier gesehen. Unglaublich.
Allein die Büffets, das Essen ging niemals
aus. Da gab es zum Beispiel ein zwei
Meter langes Kanu, das bis zum Rand mit
großen Shrimps gefüllt war.« Viel mehr
interessierten Randy aber die vielen
Souvenirs. »Das Hundert-Jahr-Emblem
prangte natürlich auf allem, auf Gläsern,
Strohhalmen, einfach überall. Ich habe
soviel eingepackt, wie ich tragen
konnte.«

Und warum das alles? Die Antwort gibt
ein Sammler aus Illinois: »Coca-Cola ist
ein Stück Amerika.« Schön und gut, aber

Der Cola-Clan
tagt

muß man dann gleich viele tausend Dollar dafür ausgeben? Nun ja, man muß wohl schon ziemlich verrückt sein, um Mitglied beim Cola-Clan zu werden. Das Anmeldeformular haben wir vorsichtshalber mal mitgenommen. Man weiß ja nie…

Wer Mitglied werden oder mehr über den Clan wissen will, wendet sich an:

The Coca-Cola Collectors Club
International
Auch ein   Route 4, Box 2
Jubiläums-   Kutztown, PA 19530
handtuch wird USA
versteigert   Telefon (215) 683 – 3333

HUNDERT JAHRE COCA-COLA

Was bei Mercedes eher dem Grand Prix der Schlagerbarden glich, geriet bei Coca-Cola zum rauschenden Fest. Hollywood-Dimensionen waren angesagt, als die große Coca-Cola-Familie zu vier tollen Tagen in den Ring stieg. Einen hundertjährigen Geburtstag erlebt man ja auch nicht alle Tage. Über zwölftausend Menschen, zumeist Abfüller, Geschäftsfreunde, Fans und very important People aus Politik, Show und Kunst, gaben sich zur großen Geburtstagsfeier von Coca-Cola ein Stelldichein, feierten so ausgelassen, wie es nur die Amerikaner können.

Natürlich wurden Reden geschwungen. Oberboß Roberto C. Goizueta pries das Erreichte und beschwor die Zukunft, und aus allen Ecken kamen Grußbotschaften und Glückwünsche. Ansonsten aber war Show angesagt. Komiker Dom DeLuise gab einige Kostproben seines Könnens, im riesigen Stadion sangen Altrocker Chuck Berry und Kool and the Gang. Zweihundert junge Leute rannten in historischen Kostümen durch die Reihen und erinnerten an die vergangenen hundert Jahre. Commercials wurden vorgeführt. In zahlreichen Ausstellungen wurden die Errungenschaften der Company gezeigt. Sogar ein riesiger *soda fountain* aus den Anfangstagen von Coca-Cola war originalgetreu aufgebaut worden. Zum Lieblingsspielzeug vieler Besucher wurde allerdings ein niegelnagelneuer Coca-Cola-Automat, der nicht nur sprechen, sondern auch hören kann. Überall Shows und Infos und Trubel und Musik.

›Take It to the People‹ hieß das große Musical, das im Omni Coliseum die Besucher von den Stühlen riß. Alles glitzerte und leuchtete in Rot und Weiß. Coca-Cola allerorten in Atlanta und via Bildschirm auch in ganz Amerika. Alte Transportfahrzeuge fuhren über die Bühne. Kapel-

Jubiläums-Handtuch

len spielten die Melodien, die Coca-Cola bekanntgemacht hat. Über Satellit meldeten sich Chöre aus Großbritannien, Japan, Australien, Brasilien und Kenia und übermittelten ihre musikalischen Glückwünsche. Show, Show, Show. Und ein noch nie zuvor dagewesenes Ereignis, das sich International Domino Topple nannte. 650000 Dominosteine fielen in sechs Städten aller Kontinente nacheinander auf den Bauch. Vierzig Minuten dauerte dieser Riesenspaß, und beinahe ebenso lang währte der Beifall der Zuschauer.

Und dann am Samstag die Parade. Ein rheinischer Karnevalsumzug sieht blaß dagegen aus. Fünftausend Musikanten und unzählige Wagen zogen an über dreihunderttausend Zuschauern auf der

Der brandneue Cola-Truck

Der teuerste Kronenkorken der Welt.
18 Karat Gold und
100 Brillanten – das Jubiläumsgeschenk der deutschen Konzessionäre

Peachtree Street in Atlanta vorbei. Rote und weiße Luftballons stiegen auf, die Stadt war im Freudentaumel. Ganz Atlanta, ganz Amerika feierte Coca-Cola, und nachher war man sich über eines einig: So 'ne Feier kommt so schnell nicht wieder, nicht mal bei der Einweihung der Freiheitsstatue in New York.

Unten rechts: Jubiläums-flasche

100 JAHRE COCA-COLA – EINE CHRONOLOGIE

1886   John S. Pemberton aus Atlanta/Georgia erfindet Coca-Cola. Das Getränk wird in Soda-Fountains angeboten für 5 Cents das Glas. In der ersten Woche werden im Schnitt 13 Drinks täglich verkauft.

1888   Asa Candler, ebenfalls ein Drogist, erwirbt den vollen Besitz an Coca-Cola für 2300 Dollar.

1892   Die Coca-Cola Company wird mit einem Grundkapital von 100000 Dollar in Atlanta gegründet.

1893   ›Coca-Cola‹ wird als Markenzeichen gesetzlich geschützt.

1894   Coca-Cola wird zum ersten Mal in Flaschen abgefüllt, unter Verwendung von Sirup. Neue Sirupfabriken entstehen in Dallas, Chicago und Los Angeles.

1895   Drei Jahre nach Gründung der Company erklärt Candler den Aktionären: »Coca-Cola wird nun in jedem Staat und in jedem Gebiet der Vereinigten Staaten von Amerika getrunken.«

1896   Coca-Cola überschreitet zum ersten Mal die Grenzen Amerikas und wird in Kanada, Hawaii und Kuba angeboten.

1899   Einführung des Franchise-Systems mit exklusiven Verkaufsgebieten für selbständige Konzessionäre.

1905   Coca-Cola-Flaschen werden erstmals mit Kronkorken verschlossen.

1909   ›The Coca-Cola Bottler‹, das Magazin der Konzessionäre, erscheint zum ersten Mal.

1916 Die klassische kleine Coca-Cola-Flasche wird zur Standard-Flasche, ihre Form aber erst 1960 als Trademark gesetzlich geschützt.

1919 Die Familie Candlers verkauft die Coca-Cola Company für 25 Millionen Dollar an ein Bankenkonsortium in Atlanta.

1920 Die Company gewinnt vor dem Obersten Gerichtshof einen Grundsatzprozeß zur Sicherung ihres Markennamens. Der Begriff ›Coke‹ wird 1945 als weiterer Markenname geschützt.

1923 Robert W. Woodruff, ein dreiunddreißigjähriger Manager aus der Autobranche, wird neuer Präsident der Company. Seine Ära dauert bis zum Jahre 1958. Er stirbt 1985 im Alter von 95 Jahren. Bis zu seinem Tod gehörte Woodruff ehrenhalber dem Aufsichtrat an.

1926 Um seiner Idee, Coca-Cola weltweit zu verbreiten, eine organisatorische Grundlage zu geben, ruft R. W. Woodruff das Foreign Sales Department, die spätere ›The Coca-Cola Export-Corporation‹, ins Leben.

1928 Coca-Cola erobert den Haushaltsmarkt: Erstmals wird mehr Coca-Cola in Flaschen verkauft als in den Soda-Fountains – ein Erfolg der ›Bring the Coke home‹-Kampagne. Im selben Jahr wird Coca-Cola zum ersten Mal ›Offizielles Erfrischungsgetränk der Olympischen Spiele‹, die damals in Amsterdam stattfanden.

1929 Coca-Cola kommt nach Deutschland. Erste Konzessionen im Ruhrgebiet werden gegründet, als Sitz des Hauptbüros wird Essen gewählt.

1930 Das Zeitalter der technischen Verkaufshilfen bricht an: Die ersten Coca-Cola-Automaten werden aufgestellt.

1934 In Deutschland gibt es bereits 120 Coca-Cola-Konzessionäre.

1940 Durch Rohstoff-Verknappung infolge des Zweiten Weltkriegs kommt in Deutschland die Coca-Cola-Herstellung zum Erliegen.
Auf Molkebasis wird ein neues Getränk: Fanta, heute die Nr. 1 unter den Orangen-Limonaden, entwickelt.

1941 Coca-Cola wird in den USA zum ›wichtigen Kriegsgut‹ erklärt.

1943 Auf Anforderung General Eisenhowers (›Eisenhower Cable‹) Abfüllbetriebe in Afrika. Bis 1945 werden im Auftrag der Army 64 Abfüllfabriken hinter den Fronten errichtet.

1950 Erste live ausgestrahlte Fernsehshow mit einem von der Coca-Cola Company gesponsorten Programm. Für die Army füllt Coca-Cola zum ersten Mal Dosen ab.

1955 Der Slogan ›Mach mal Pause – trink Coca-Cola‹ wird in Deutschland eingeführt. Sein Schöpfer ist Hubert Strauf, Senior der deutschen Werbewirtschaft.

1957 Die erste Familienflasche mit 0,7 Liter Coca-Cola wird in Deutschland angeboten.

1972 Auch anläßlich der Olympischen Spiele in München organisiert Coca-Cola den Erfrischungsdienst. Der Aufbruch in die 70er Jahre wird durch den neuen Slogan ›Laßt uns frischwärts gehn…‹ dokumentiert.

1982 Erstmals gibt es ein weiteres Erfrischungsgetränk unter der Schutzmarke Coca-Cola: In den USA wird Diet Coke (Coca-Cola Light) eingeführt. Dies war der Beginn der Megabrand-Strategie. Die Company kauft den Medienkonzern Columbia Pictures Industries Inc. für 750 Millionen Dollar. Das bedeutet unter anderem den Einstieg in das Geschäft mit Heimvideo und Kabelfernsehen.

1984 Coca-Cola beteiligt sich maßgeblich an den ersten privatwirtschaftlich organisierten Olympischen Spielen der Geschichte in Los Angeles.

1985   In den USA und Kanada erhält Coca-Cola einen
        neuen Geschmack. Nach massiven Verbraucherpro-
        testen wird der alte Geschmack unter dem Namen
        Coca-Cola Classic weiterhin angeboten.
        Die deutsche Coca-Cola-Organisation bepfandet
        erstmals eine nicht wiederbefüllbare Kunststoff-
        Flasche. Darüber hinaus stellt sie deren Recycling
        sicher. Für die Space-Shuttle-Missionen entwickelt
        Coca-Cola die erste Weltraum-Dose.

-Scene-

Ein Spiegelbild der Szene, in der wir leben.
Avantgardistisch, progressiv, alternativ.

„Als Gott den Mann erschuf, hat sie bloß geübt"
Frauen-Graffiti
18/29 - DM 6,80

Bukowski
Ein Reader
18/31 - DM 7,80

Wolfgang Wiesner
Droge Motorrad
Hondas, Harleys, harte Jungs
18/33 - DM 9,80

H. J. Geppert
Götter mit beschränkter Haftung
Die Jugendsekten-Szene
18/34 - DM 7,80

Klaus Dewes
BAP op Tour
Facts – Fans – Freaks – Feelings
18/35 - DM 6,80

Beziehungs-Kisten
Lust & Frust & Zwischenmenschliches in Graffiti und Sprüchen
18/36 - DM 6,80

Lieber Null Bock als 'ne Bude voll Schafe
Szene-Sprüche 2
18/38 - DM 6,80

Henky Hentschel
Nadel-Streifen
Eine Ent-Täuschung mit Rückfällen
18/39 - DM 7,80

Peter Kreuzer
Das Graffiti-Lexikon
Wand-Kunst von A–Z
18/40 - DM 12,80

Kathy Acker
Harte Mädchen weinen nicht
18/41 - DM 7,80

Ihr geht mit der Welt um, als hättet Ihr eine zweite im Keller
Polit-Graffiti & Demo-Sprüche
18/42 - DM 6,80

Sam Shepard
Motel-Blues
Das Buch, nach dem »Paris, Texas« entstand
18/43 - DM 7,80

Lieber Sport am Sonntag als Mathe am Montag
Schüler-Sprüche
18/44 - DM 7,80

Klaus Dewes
Punk
Was uns kaputtmacht, was uns anmacht
18/46 - DM 8,80

Graffiti 4
„Lieber nett im Bett als cool auf dem Stuhl"
18/47 - DM 6,80

R. Crumb
Head Comix
Fritz the Cat und andere eiskalte Comics aus dem Underground
18/48 - DM 6,80

Frauen-Graffiti 2
„Irren ist männlich"
18/49 - DM 6,80

Charles Bukowski
Der lange Job
Geschichten und Comics
18/50 - DM 7,80

City Lights
Ein Führer durch die Großstadt-Scene
18/51 - DM 7,80

Die Nacht bringt es an den Tag
Stories & Gedichte aus dem Beziehungs-Dschungel
18/52 - DM 6,80

Preisänderungen vorbehalten.

Wilhelm Heyne Verlag
München